E. Bockemühl · Niederrheinisches Sagenbuch

Erich Bockemühl

Niederrheinisches Sagenbuch

Mit Bildern
von
Gustav Olms

1976

Georg Olms Verlag
Hildesheim · New York

Nachdruck der Ausgabe Moers 1930
Mit freundlicher Genehmigung des August-Steiger-Verlags
und des Mercator-Verlags
Printed in Germany
Herstellung: fotokop wilhelm weihert KG, Darmstadt
ISBN 3 487 05972 X

Niederrheinisches Sagenbuch

Niederrheinisches Sagenbuch

Sagen und wunderliche Geschichten vom Niederrhein und seinen Grenzgebieten

Dem Volk und der Jugend

dargebracht von

Erich Bockemühl

mit Bildern von

Gustav Olms

Verlag Aug. Steiger, Moers
Inh. Hofbuchhändler W. Steiger

GUST. OLMS

Gedruckt bei Stück & Lohde, Gelsenkirchen

Vorwort

Bei der Gestaltung des vorliegenden Buches sind nicht wissenschaftliche Gesichtspunkte maßgeblich gewesen. Es will nichts anderes sein als ein Volksbuch, das die niederrheinische Seele, Wesen und inneres Sein der Landschaft und ihrer Menschen in seiner besonderen Art und seinen Grenzen erkennen läßt. Es lag mir also weniger daran, möglichst jedes Sagenmotiv von hier oder dort zu erfassen, als vielmehr gute, interessante, charakteristische Sagengestaltungen darzubieten; und wo ich sie nicht bereits in alter bekannter Form vorfand, sie neu zu schreiben. Ich weiß, daß man berechtigterweise einige dieser Gestaltungen Sagendichtungen nennen wird; aber jede Sage ist einmal zum ersten Mal erzählt worden — und selbst die bekanntesten (Otto der Schütz, der Schwanritter, Sterk-Helmus u. a.) liegen in verschiedenen Fassungen vor, die nebeneinander Wert und Bedeutung haben. Und so habe ich die wunderlichen Geschichten, die mir im Laufe der Jahre aus dem, was die Kinder und Alten von Geistern und Gespenstern erzählten, geworden waren, gern mit in das Buch aufgenommen. Es ist wahr, was mir von befreundeter Seite gesagt wird, daß in ihnen das Erlebnis der niederrheinischen Landschaft besonderen Ausdruck fand, wie aber überhaupt der Zusammenhang von Heimat und Natur in allen Einzelstücken des Buches stark erkennbar ist.

Wenn die Grenzen zwischen Sage, Legende und Anekdote schwankend sind, so brauchten sie auch in diesem Buche nicht festgelegt zu werden. Der Untertitel „wunderliche Geschichten" wird allen Darstellungen gerecht, und weil wiederum keine Geschichte in diesem Buche ist, die nicht zum mindesten der Sage innerlichst verwandt ist, wird wohl auch der Haupttitel „Niederrheinisches Sagenbuch“ unbestritten bleiben.

Auch die geographischen Grenzen sind nicht zu eng genommen. An der Ruhr, im bergischen Lande, hinter Köln und Aachen ist der Niederrhein zu Ende, aber als Grenzgebiete durften sie nicht ganz außer Acht gelassen werden, obwohl im eigentlichen, wie jeder merken wird, der untere Niederrhein für dieses Buch in Frage kam, das auch, obwohl es nicht geradezu in seiner Absicht liegt, dennoch dem Wissenschaftler, dem Historiker und Psychologen einiges zu bieten vermag. Im übrigen und eigentlichen aber ist es ein Buch für das Volk, d. h. für alle, die innere Beziehung zu Heimat und Scholle haben, für die Menschen (junge und alte) — aber auch für die Freunde des Niederrheins und jedes echten und gesunden deutschen Volkstums.

Drevenack am Niederrhein, Sommer 1930.

Erich Bockemühl

Die Bilder dieses Buches bieten die letzte Arbeit des Malers

Gustav Olms.

Und so sei dieses Buch selbst in besonderer Herzlichkeit dem Andenken dieses Mannes gewidmet, der einsam und verlassen, verkannt und wenig geliebt, in viel Not und Leid sein irdisches Dasein lebte, der ein Mann war, ehrlich und treu, in allem aber ein Künstler voller Hingabe und großer starker Fähigkeiten, als welcher er noch lange in dem nachleben wird, was er der Mitwelt schuf, — der aber daran litt und vielleicht auch zuletzt zusammenbrach, weil es ihm nicht vergönnt war, ganz das werden zu können, wozu er im tiefsten berufen war.

In liebenswürdiger Weise haben auch meine Kollegen Jaspersen in Fa. Etzold & Co. München und Lax-Hildesheim durch Hergabe einiger Illustrationen aus ihren eigenen, von Gustav Olms illustrierten Verlagswerken zu dieser Ehrung beigetragen.

Sein Andenken bleibt bei allen, die ihn wirklich kannten, in Ehren.

W. Steiger

„Um alles menschlichen Sinnen Ungewöhnliche, was die Natur eines Landstrichs besitzt, oder wessen ihn die Geschichte gemahnt, sammelt sich ein Duft von S a g e und L i e d, wie sich die Ferne des Himmels blau anläßt und zarter, feiner Staub um Obst und Blumen setzt. Aus dem Zusammenleben mit Felsen, Seen, Trümmern, Bäumen, Pflanzen entspringt bald eine Art von Verbindung, die sich auf die Eigentümlichkeit jeder dieser Gegenstände gründet und zu gewissen Stunden ihre Wunder zu vernehmen berechtigt ist. Wie mächtig das dadurch entstehende Band sei, zeigt an natürlichen Menschen jenes herzzerreißende H e i m w e h."

Aus der „Vorrede" der Brüder Grimm
zu ihren „deutschen Sagen".

Die Zedern von Aspel

Unweit der Stelle, wo am Rhein die alte Stadt Rees mit ihren breiten Mauern, Türmen und Bäumen liegt, steht auch seit vielen hundert Jahren schon das Schloß Aspel. Turm und Fenster spiegeln sich im tiefen Wasser, und hohe Pappeln, Weiden, Kiefern und auch Eichen wachsen in seiner Nähe, und niemand wundert sich dessen, weil eben der Niederrhein aller dieser Bäume Heimat ist. Bei Aspel aber stehen in einer Allee, die nach Rees zu führt, einige Stämme, die in dieser Landschaft etwas ganz besonderes sind: Zedern aus dem Morgenland; und es geht eine schöne Sage, die erzählt, wie sie einst vom Süden her in diese nordische Landschaft kamen.

In der Zeit der Kreuzzüge, als sich die deutschen Ritter zusammenscharten, um das heilige Grab vor der Macht der ungläubigen Türken zu schützen, sollen sie dorthin gebracht worden sein. Der Aspeler Schloßherr, der auch manches Jahr der Heimat fern gewesen, war zurückgekehrt. Aber in dem Fest der Freude und des Wiedersehens war eine große Trauer um einen Knecht, der ihm treu gedient, der ihm und allen, die ihn kannten, der Gräfin auch, lieb und teuer war, und über den er dennoch nun schon in den ersten Tagen seiner Rückkehr ein strenges Strafgericht verhängen mußte. Eines Verbrechens war er angeklagt, einen Priester sollte er ermordet haben, drüben im heiligen Land. Er habe ihn ins Schilf geworfen und den Toten dann, um den Verdacht von sich abzulenken, auf seinem Rücken selbst zu seinem Herrn ins Lager getragen.

Das war nun alles schon eine lange Zeit vorbei. Man hatte ihn, der immer seine Unschuld beteuerte, gefangen mitgeführt, um ihn erst in der Heimat zu verurteilen. Es war dem Grafen selber schwer, an seine Schuld zu glauben. Aber durch das Zeugnis eines anderen Knechts, der die böse Tat gesehen haben wollte und einen Eid gegen ihn geschworen hatte, war kein Zweifel mehr.... und nun, nach jenen ersten Tagen der Heimkehr, sollte ohne langes Gericht und Urteil die Todesstrafe an dem Knecht, der vermeintlich doch nun auch des Herrn besonderes Vertrauen betrogen hatte, vollzogen werden.

Jedoch die Gräfin, die auch den Knappen liebte, bat in letzter Stunde noch für ihn: „Laßt wenigstens den Richter sprechen! Laßt uns Klage und Gegenklage, Verteidigung und Richterspruch anhören... Denn falsches Urteil ist eine Sünde wider Gott!“ Und so geschahs denn auch: Der ihn beschuldigt hatte wiederholte seine Klage gegen ihn, und er selbst beteuerte wie schon immer seine Unschuld. Er sei von eines Türken Hand verwundet worden, und indem er sich die Wunde vom Blut reinwaschen wollte, habe er die Leiche im Schilf des Flusses verborgen aufgefunden und zum Lager gebracht. Auf dem Wege aber sei ihm eben dieser Knecht, der ihn des Mords beschuldige, mit verstörtem Blick und in hastigem Lauf begegnet.... und er erhebe nun, da sie in der Heimat seien, die Gegenklage: „Ich beschuldige ihn,“ so rief er, zitternd am ganzen Leibe, der Versammlung zu, „d e s M o r d s. Ihn, der an meiner Statt des Grafen Freund geworden ist. Und ich beschuldige weiter ihn der bösen Tat, die er drüben im fremden Land an einem Mädchen vollbringen wollte, daran ich ihn gehindert. Ich weiß, daß nur die Angst vor mir, sein böses Gewissen wegen dieser schlechten Tat, ihn zu dem falschen Eid verleitet haben, und ich hätte geschwiegen, müßte ich nun nicht selber um mein Leben kämpfen!“

Nach diesen Worten war es still ringsum. So sehr alle auch den Knappen liebten, und so sehr einige auch ihm zu glauben neigten: Es

stand Klage gegen Klage.... und um ein Ende und des schweren Rätsels Lösung nun zu finden, kam man überein, daß Gott entscheiden solle. Und ehe man sich über die Art des Gottesurteils geeinigt hatte, sprang der Beschuldigte vor, schwang einen dürren Peitschenstiel, geflochten rund aus Zedernreisern, und rief also: „Ich will den dürren Stab, aus dem Morgenlande heimgebracht, in diese trockene Erde stecken. Ohne Wunder Gottes wird er nicht zum Wachsen kommen. Wächst er aber im Augenblick mit grünen Nadeln und mit jungen Spitzen wie ein junger Baum im Frühling, alsdann sei meine Unschuld klar erwiesen!" Und schon sprang er durch der Knechte Kette, pflanzte den Stab gleich nebenan in die harte, trockene Burghofserde — und seine Hände und Augen wie in Verzweiflung zum Himmel erhoben, betete er: „Gott, gib der Wahrheit Kraft! Gib diesem dürren Stabe Kraft, Wahrheit zu zeugen und die Lüge und die Sünde zu beweisen!" Und indem er kniete, lichtete sich aus grauen Wolken des Himmels klarer Schein. Und im harten Burghof lockerte sich die Erde, daß es wie ein leises Rieseln war; Wurzeln wuchsen... und zugleich brachen Knospen auf zu feinen Nadeln, und schon auch streuten sich Samen ringsumher, aus denen junge Zedern wuchsen, die noch heute dort in Aspel bei dem Burghof stehen, und deren eine bis heute die Gestalt des gewundenen Peitschenstiels behalten hat.

Da war stille Befriedigung über des Knappen Unschuld und Gottes sichtbarliches Zeichen. Erst war Staunen, eine heilige Stille wie Gebet... dann aber brach der Jubel los, und mit aufgetanen Armen holte der Graf den also treu Erwiesenen zu seinem Stuhl. Und nun erst war rechte Freude der Heimkehr nach so langer Fahrt durch Nöte und Gefahr in Kampf und heißer Sonnenglut des Morgenlandes.

(Rees)

Das versunkene Kirchlein

Ein Kirchlein stand im Reeserland, und die Wolken zogen drüber hin im Sommertag, wenn der Wind in den alten Ulmen und Kastanien sang. Die Weizenfelder wogten reif und reich von goldener Frucht. Und bei der Glocken Läuten sah man am Sonntagnachmittag stille Menschen über die weißen Wege schreiten, langsam Schritt um Schritt, Bauern und Bäuerinnen in den dunklen Kleidern, wie ihr Leben lang so auch heute wieder den Worten des nun auch schon alt und grau gewordenen Pfarrers zu lauschen, die — ja, sie wußtens wohl — immer mehr und immer wahrer eine Klage waren über der Jugend leichtes, oberflächliches Treiben, lautes Wesen, Entfremdung von der Väter Sitte. Und als wirklich stärker als noch nie bisher des Alten Worte wie Drohung donnerten, wie Prophetenstimme in die böse Zukunft wiesen, da saßen sie, die Wenigen, zusammengekauert und fast weinend, des Leids und all der Leiden ihrer eigenen Häuser gedenkend, ihrer Kinder Bosheit und leichtsinnigen Vergeudung des durch sie und ihrer Väter Treue und Fleiß in langen schweren Jahren erarbeiteten und aufgesparten Wohlstands. Ja, wie Menschen eines anderen Geschlechts, einer ferneren Vergangenheit, so saßen sie beisammen in dem Kirchlein, indes die Schatten leisbewegter Bäume durch die Fenster spielten und eine Fliege in der kühlen Stille summte. Und in dem Frieden mäßigte sich gern des Pfarrers Stimme wieder, so daß er, wie einstmals der Prophet, von der Hoffnung sprach: „Ich will dich nicht verlassen noch versäumen", daß seine Worte und die Stimme auch wie ein Bitten wurden: „Gib uns allen Milde, gib uns große Treue, Gott, auch der Jugend Wesen zu verstehen, daß wir sie leiten und sie führen mögen zurück zu deiner Liebe." Dem treuen Wollen, der frommen Sorge aber zum Hohn geschah es, daß plötzlich ein lautes Brüllen, Schreien, Johlen der Kirche näher kam, die Kirchtür aufgestoßen

Das versunkene Kirchlein

wurde, ein wohlgezielter Stein den Pfarrer an der Schläfe traf, so daß er am Altar zusammenbrach, und das ganze Volk, Männer, Weiber und Kinder auch, in die Kirche strömte, so daß den Alten, die herausgeprügelt wurden, nur noch eben Zeit blieb, den Pfarrer mitzunehmen, ihn vor weiteren Mißhandlungen zu schützen und ihn im traurigen Zug über den Weg hin in sein Haus zu tragen, wo er, umstanden von den wenigen Getreuen, nicht mehr zum Leben auferwachte.

Das alles war aber in wenigen Minuten geschehen. Schon scholl aus der Kirche das Geschrei der Trunkenen. Aus dem Krug wurden Wein und Bier gebracht und so das heilige Haus und auch die heiligen Gefäße entheiligt, und es war ein Toben und ein Singen wie von Tieren in schamlos ganz entblößter Unmenschlichkeit, daß sie das ferne Donnern und Verfinstern, das von Westen kam, zuerst nicht merkten. Und als schon der Tag wie Nacht so dunkel war und sie die Altarkerzen brennen ließen und nur noch wilder wurden, als sie die Drohung nicht verstanden, da mußte die Strafe selber kommen: Ein Blitzstrahl fuhr hernieder, ein einziger nur, und mit einem Schlage, wie ihn nie die Welt vernommen, waren Kirche, Bäume, war der ganze Platz verschwunden, war versunken.... und damit er ganz vergessen werden sollte, drangen Wasserfluten aus der Tiefe her, und wo einst die Kirche stand, ist nun ein kleiner See.

So also waren die Menschen dieses Geschlechts mit einem Schlag vergangen. Auf den alten Höfen aber wuchsen aus Kindern Männer und Frauen, und immer noch wogen die Felder in Frühling und Sommer, empfangen herbstens die großen Scheunen die Wagen reifer Frucht... Und im stillen Tag im Abendrot, wenn das Gold der Sonne auf dem Wasser liegt, glänzt es von unten wieder, und der Wandrer, der am Schilf des Ufers lag unter der Erlen leisem Blätterlispeln, hörte der Glocken Läuten tief vom Grund und träumte, indem er schlief, von einem Kirchlein, das im Blauen stand im Sommertag: Wolken fuhren drüber hin, und des Kirchturms Spitze glänzte golden in dem Licht der Sonntagabendsonne. (Rees)

Förster Merkes

Er sich fürchten vor der alten Kruße, wie man hierzulande sagt, der alten Hexe? Er, Förster Merkes, den sie alle kannten und den Starken nannten? Sie hat ihn einmal angeführt, als er das Unglück mit den Kühen hatte und kam ins Haus wie eine gute Alte und gab ihm Milch in Gottes Namen, wie sie sagte; und da der Förster, noch nicht lange Zeit im Weseler Walde, die Leute nicht kannte und also glaubte, daß eine gute Nachbarin sein Unglück rührte, nahm die Milch mit Dank und Freude an. Doch als sein Weib sie kochte, sprangen lauter Hexen aus dem Schaum, polterten durch die Stube, warfen Tisch und Stühle, Teller, Töpfe, Kannen, alles durcheinander, bis er den Besen nahm und schrecklich dreinschlug und das gottverfluchte Hexenpack zum Teufel jagte.

Ja, er sich fürchten ... ! Und doch und immer doch: sein ganzes Leben war ein Kampf mit dem Geschmeiß. Nachts rappeln alle Eimer, alle Türen gehen, schlagen auf und zu, obwohl sie doch verschlossen sind, und im Hof liegt morgens eine Kugel, aus der, wenn man auf sie tritt, sieben Katzen herausspringen mit feurigen Augen. Schlagt sie tot! Wenn sie in die Scheune laufen, brennt das Stroh und alles, Haus und Hof. Einen Mönch hat er holen lassen, der den bösen Geist, die Hexenseele, beschwören solle. Der ließ einen Wagen kommen... und vier Pferde mußten ihn ziehen; denn der Geist, den der Mönch auf ihn geladen hatte, obwohl unsichtbar, war so schwer, daß er anders nicht wegzukriegen war. Hinter das Haus weit nach dem Walde zu setzten sie ihn auf die trockene Weide, und alle Jahre kam er einen Hühnerschritt wieder näher dem Hause zu. „Soll er kommen", sagt der alte Förster, „wenn ich nur noch solang lebe." Aber indes ers sagte (es war am späten Abend, wir saßen bei den Karten und tranken Wein dazu), was kommt da leise übern Kies gefahren? Das ist sie wieder, das verdammte Teufelsaas. Und er führte uns ans Fenster. Doch wir wandten uns mit Zittern ab, indes er ruhig lächelnd rief: „Einmal, du Aas, werd ich doch stärker sein als du!" Es war die Hexe wieder, die er meinte. In einem kleinen Wägelchen, dessen Räder sich durch ihren Willen drehten, kein Pferd, kein Hund war vorgespannt, fuhr sie vorbei. Und da saß sie, wie ein Weib, mit einem Tierkopf aber, halb Kuh, halb Hund und statt der Hörner Schweinerüssel. Und daß man die schreckliche Fratze auch recht gut sehen konnte, trug sie ein Licht in ihrer Hand, mit dem sie sich beleuchtete.

Es war in jener Zeit, als man den Förster drüben am Bach wie tot aufgefunden hatte. Als man ihn anrief, war er wieder wach und ganz gesund. „Das Teufelsaas," so sagte er, „da hat es mich wieder gehabt. Ein Männchen, klein wie'n Ekerken, springt mir da auf meine Schulter, und ich falle um und muß bis zum Morgen liegen." Andern Tag geht er auf die Jagd, schießt ein Reh, und das Reh läuft ruhig, als wenn nichts geschehen wäre, weiter. Er schießt wieder, sechs Patronen hat er drauf verschossen, und bei der siebenten verwandelt sich das Tier — wirklich — in die alte Kruße wieder. „Ich brenne ihr eins drauf, noch eins gleich aus dem andern Lauf... da lacht das Aas, wie nur der Teufel selber lachen kann und springt mit unanständig hochgehobenen Röcken in den Wald hinein."

Ja, der alte Förster; einmal hats ihn doch gepackt; ein Auge hat er noch verloren, drei Tage wars vor seinem Tod: Geht er da am Graben an dem alten Weidenbaum vorbei, schweben oder gehen aus der Höhlung des alten Stammes drei Jungfrauen heraus, von denen eine ruft: „Kennst du mich noch?“ und wie Katzen rufen die andern nach: „Mich auch? mich auch?“ .... daß er wie versteinert stehen bleibt — und als er nach Hause kommt, fehlt ihm ein Auge, das die Teufelsfrauen ihm ausgekratzt haben. Förster Merkes ist seit dem Tage nicht mehr in den Wald gegangen, nicht mehr aus dem Haus und nicht mehr aus dem Bett. Die Leute sagen, daß er einen schweren Kampf gehabt hätte, er müsse in seiner Jugend einmal etwas Böses getan haben, weshalb auch die drei Jungfrauen ihm noch begegnet wären. Hin und her habe er sich gewälzt, gestöhnt und keine Ruhe finden können, bis er seiner Frau sein ganzes Leben erzählt habe — dann sei er still und ganz in Frieden eingeschlafen.

In dem Augenblick aber, als er die Augen zugeschlossen hätte, sei ein Sturmwind um das Haus gefegt, und in dem Sturmwind hätte man Stimmen gehört: Die alte Hexe wiederum sei mit einem Feuerschweif um das Haus geritten immerfort, immer rund ums Haus und habe hui hui geschrieen, als wenn sie seine Seele hätte haben wollen. Da aber sei des toten Försters Frau vors Haus gegangen, habe sich der Hexe in den Weg gestellt, habe die Arme ausgebreitet, daß sie selber wie ein großes Kreuz dastand — und da sei der Spuk vorbei gewesen. Einen langen Schrei habe man noch gehört, huiiii, als wenn der Wind durch die hohen Kiefern saust, und dann sei Stille gewesen für alle Zeit.

Den Förster Merkes haben sie begraben, und keine Hexe und kein böser Geist mehr haben sich sehen lassen. Im Gegenteil, wer vorbei geht in der Abendstunde, kann ein frohes Singen hören bei der Stube Lampenschein. Nur zuweilen, wenn die Bäume wehen und einer in der Stube Einsamkeit erzählt von Förster Merkes Geisterkampf und Leiden, dann klappern die Fensterladen so unheimlich, dann hört man Stimmen im Wind so sonderbar als wie aus anderer Welt, bis dann alle lachen ob der Gruselei und sich die Hände reichen: dann ist der Spuk gebannt — und des Windes Wehn ist stilles Lied der Einsamkeit, über dem die Sterne schön und mild vom Himmel leuchten.

(Weselerwald)

Die Hand aus dem Grabe

Es war eine Tochter, die ihre Mutter geschlagen hatte. Als sie gestorben war, wuchs ihre Hand aus dem Grabe, und wo sonst Gras und Blumen stehen, war es grau und kahl. Und trotz Pflanzen und Begießen: alles verdorrte ringsumher. Das einzige, was erschauernd und furchtbar aufwuchs aus der Nacht der Erde war die weiße Totenhand.

Alle Tage war die Mutter mit Beten und Weinen zum Friedhof gegangen, bis sie schließlich die Schaufel nahm und ihr Kind tiefer in die Erde grub. Und es war so an diesem wie am nächsten und übernächsten Tage: So tief sie das Grab auch schaufelte, immer war der Arm so hoch gewachsen, daß immer wieder die Hand aus dem Grabe aufrecht stand, daß jeden, der vorüberging, ein Grauen ankam und die Mutter immer einsamer sich verschloß vor aller Menschen Blick. Einer Mutter Liebe ist jenseits von Gut und Böse, sie duldet alles und erträget alles; und also war das Grab zuletzt ihr einziger Ort, an dem sie mit der toten Tochter und ihrem eigenen schweren Leid allein war, von den Menschen fern in dieser leeren, öden Friedhofseinsamkeit.

Es begab sich eines Tages, daß der Pfarrer des Weges ging und sie ihn anrief, daß er möge beten und die Gemeinde bitten, mit zu beten um der gestraften Tochter Heil. Und als ihr die Antwort ward, es wüchsen auf dem Friedhof Birkenreiser für ein ungezogenes Kind genug, sie solle es noch im Tode strafen, dann würde jener Fluch entkräftet und die Hand im Grab verbleiben, da regte es sich in der Erde tief, das Grab zerbarst und der Tochter dumpfe Grabesstimme sprach: „So strafe mich, o Mutter, damit Du Ruhe findest. Dort steht der Birkenbaum, des Wurzeln bis in meine Tiefe kommen, schlag mich mit seinen Reisern! O, ich möchte ein Leben lang mich von dir strafen lassen, die ich dir den Frieden und die Freude dieses Lebens ganz zerstörte." Doch indem sie sprach, zitterte es durch den Leib der Mutter: „Sie lebt, sie lebt, o, das ist ihre Stimme!"... und es hielt sie nicht: mit einem Freudenschrei warf sie sich zu der Tochter in die dunkle Gruft, umschloß sie fest mit ihren Armen und ließ die Schollen über sich hinrieseln, daß sie bald schon beide, ganz bedeckt mit Erde, begraben waren: Im Tod vereint.

Der Pfarrer, der es so erzählte, kam mit verstörtem Blick nach Hause. Man fand ihn am andern Morgen auf jenem Grab erstarrt und tot. Doch als die Gemeinde nach drei Tagen mit seiner Leiche im großen, feierlichen Zug zum Friedhof kam, da sahen sie alle auf jenem Mutter-Tochtergrab ein Grünen und ein Blühen mit Nelken und Reseden und hundert Sommerblumen wie nirgendwo. Und jener Birkenbaum, der seine Zweige senkte, und dessen Wurzeln bis in jene Tiefe reichten, da die beiden schliefen, war wunderbar verwandelt, daß aus seinen Zweigen rote Rosen blühten.

(Niederrhein)

Der Teufelstein

Da liegt im Weselerwald zwischen Drevenack und Marienthal, dem Dorf, in dem das alte Kloster am grünen Isselufer lag, mitten in einer Wiese ein mächtiger Steinblock, von dem niemand weiß, wie er dahingekommen ist. Von einem Felsen kann er nicht hinabgerollt sein, weil es dort in der niederrheinischen Ebene keine Felsen gibt. Und wenn die Gelehrten heute sagen, daß er in Zeiten, als dies weite Land noch Meer war, mit einem Eisberg angespült sei, so haben aber doch die Urgroßväter der Bauern, die dort noch heute wohnen, nichts gewußt von so gelehrten Dingen, von nordischem Granit, woraus der Stein besteht, und auch von jener Zeit vor mehr als hunderttausend Jahren nichts. Als sei er aus der Luft herabgefallen, so lag er immer da, Jahrzehnt schon um Jahrzehnt, breit und dick und fast so hoch wie eine Weihnachtstanne, so daß die Knechte sich vor Sonnenschein und Regen hinter ihm verstecken konnten. Wie aus der Luft herabgefallen — doch wie kann das sein? Vom Himmel? Aus den Wolken? Von den Sternen? Es war noch nie, so daß sie's wußten, solch ein Felsblock aus der Luft gekommen — und es konnte da nur eine einzige Lösung geben, da nur einer solche Kräfte haben konnte und auch den bösen Sinn, diesen Stein hoch durch die Luft zu werfen: Der Teufel selber kann es nur gewesen sein. Und so erzählten sie:

In jener Zeit, als auch diesem Lande das Evangelium vom Christ gepredigt wurde, als in Marienthal fromme Männer das Kloster bauten und in Drevenack die Kirche immer höher stieg, daß der Turm schon weither vom Walde zu sehen war, da habe der Teufel seinen bösen Streich ausführen wollen. Den Nixen in der Issel war es fast gelungen, den Bau des Klosters zu verhindern. Sie trieben das Wasser des kleinen Flüßchens hoch über die neuen Fundamente; die Mönche aber ließen sich keine Mühe mehr verdrießen: Sie bauten neu, einige Meter höher, den Hügel aufwärts, da wo nun heute noch das Kirchlein steht und wo noch der Kreuzgang und die alten Zellen immer noch an jene längstvergangene Zeit erinnern.

Das aber war dem Teufel denn nun doch zu viel. Hoch oben auf den Testerbergen jenseits der Lippe habe ihn die Satanswut erfaßt, so daß er jenen Fels, den Teufelsstein, gegriffen habe, um ihn weit — (mit donnerstarkem Brausen sei er durch die Luft geflogen) — ja, nun weiß man nicht: um ihn gegen das Kloster oder die neue Drevenacker Kirche, die er beide von seinem hohen Sitze habe sehen können, zu schleudern. Und man weiß nicht, war seine Kraft zu schwach, so daß der Stein zwischen Marienthal und Drevenack am Weselerwald zu Boden fiel und also das Kloster nicht erreichte — oder zu ungestüm, so, daß er über Drevenacks Kirche weit in die großen Wälder flog, dahin, wo heute Wiese ist und wo er immer noch, wenn auch schon fast in die Tiefe eingesunken, liegt, und wo man immer noch an einer Seite die Löcher sieht, da seine Teufelskrallen sich in blinder Wut in die harte Masse eingegraben haben.

Im Sommer, wenn die Wiesenblumen blühn und die Rispen und die Ähren wogen, ist er kaum mehr zu sehen. Einst wird er ganz verschwunden sein, wenn aber doch die Kirchen von Marienthal und Drevenack noch lange, lange stehen werden. (Weselerwald)

Der Teufelstein

Zu Seite 21

Die andere Sage vom Teufelstein

Woher der Stein gekommen? Ob aus den Testerbergen oder dem fernen Norwegen her, wie man erzählt? Jedenfalls hat ihn der Teufel geworfen — über die Lippe gegen die Kirche oder über die Meere ins christliche Germanien. Die Krallen seiner Finger waren seit fernsten Zeiten deutlich in dem harten Sandstein zu erkennen.

Aber wie es kommt, daß er nach und nach verschwindet? Und warum er immer tiefer in die Erde sinkt? Weil er so schwer ist oder weil die Grasnarbe um ihn wächst und höher wird? Die Bauern sagen, daß ein Teufel unter ihm liege und die Last nicht von sich werfen könne. Trink-, Spiel-, Jagdteufel — es gibt ihrer viele, die alle den einen Teufel zum Vater haben, der die Hölle heizt. Aber er schickt seine liebsten und wie er meint, schönsten Kinder auf die Welt, Seelen und Menschen zu fangen für sein Reich. Und als der Jagdteufel einmal mit den andern heimgekehrt, der reichste war und vom Vater Teufel über die Maßen entlohnt wurde, da wurden die andern so neidisch, daß sie ihm, als er

Die andere Sage vom Teufelstein

einst im Weselerwalde jagte und sich in der Mittagsstunde ein Schläfchen gönnte, den schweren Stein auf den Leib warfen, unter dem er heute noch gefangen liegt. Aber Teufel sterben nicht und zählen die Zeit nach Jahrtausenden. Und so ist er seinem Empfinden nach denn auch eben erst unter den Stein gebannt worden und wartet darauf, daß er ihn immer tiefer drückt, so tief, bis er an der anderen Seite der Welt wieder hervorkommt. Wir brauchen keine Sorge zu haben, daß er uns eines Tages überfallen wird; der Stein sinkt alle Jahr ein Zentimeter oder zwei — für den Teufel aber ist die Wartezeit schnell vergangen: dann wird er von neuem da sein und sich wundern, daß da, wo einst Wald war, weit hinüber über den großen Hügel hin, jetzt Ackerland ist. Felder und Höfe sind da, Menschen und Kinder, die im Maitag einige Meter nur bei dem häßlichen Teufel Blumen pflücken, Margareten, Lichtnelken und Maßliebchen ... die sich nicht fürchten und gar nicht einmal an ihn denken. (Weselerwald)

Die weiße Jungfrau

Sie nennen es den Totenkeller, das alte Erbbegräbnis, das im Wald unter den hohen Bäumen liegt, Eichen, Erlen, Buchen, — aber weicher weht der Wind in den großen Fichten vom Hügel her über die Gräber, und dunkler stehen die Lebensbäume vor dem großen Holztor, hinter dem im Berg, im Hügel, der wohl einmal eine Düne war, die Toten in den seit alter Zeit schon aufgestellten Särgen schlafen. Leise wird es Abend in den Wipfeln und im Grund am Bach, da Nebel zwischen Erlen weht, wenn der Mond sich fernher hebt und sein Silberlicht in den Blättern leisbewegter Zweige schwankt. Leise dann beginnt das Singen, erst wie Windeswehn und immer stärker und bestimmter wie eines Menschen Stimme und doch anders wieder, wunderbar vibrierend und durchdringend, daß der Jüngling, der es hörte, tagelang in kranker Sehnsucht ging.

Die Leute erzählen viel, doch keiner weiß es, was in alter Zeit geschah. Und selbst der alte Derk, der das noch weiß, was allen sonst verborgen ist, der die Geister kennt und sich nicht fürchtet, er weiß nichts Bestimmtes von dem Ritter, der die Tochter von sich stieß und ihren Ehgemahl erstach und in des Wassers schwarzem Grund versenkte, dem Ritter, der nachts durch alle Räume des alten Schlosses poltert und zu dem die Tochter immer wieder schwebt mit grausem Klagelied, daß seiner Sünde, seiner Unruh Qual nie und nie ein Ende nehme. Was sie nicht all erzählen: Daß er Tische und Stühle alle Nacht durchs Fenster werfe (es gehe keiner an dem Schlosse vorbei), daß er in den Weiher stürze um den toten Ritter aus dem Grund zu scharren, daß er die Tochter, die in weißem Schweben singend den dunklen Wald durchirre, wild verfolge und daß ein schwarzer Hund mit glühnder Kette um ihn belle, bis zum Totenkeller, da in der Morgenstunde, wenn

in der Blätter frühem Wehen erste Stimmen singen, aller Spuk der Nacht verschwunden ist .... im stillen Wald .. : Sie sagen, daß ein Jüngling in den Totenkeller gehen müsse, um die Ärmste und den Ritter zu erlösen; und sie sagen, daß dieser Jüngling aber sterben müsse in derselben Nacht.... Doch es war ein Wandrer, der am andern Morgen aus des Waldes Stille kam und der nichts wußte von der Jungfrau Singen und des Ritters Poltern; der in der Nacht auf jener alten Bank gesessen hatte vor dem Totenkeller und nur wußte vom Wehn der alten Bäume und leisem Tropfenfall, von des Mondes Licht und süßen Liedern frommer Nachtigallen ... der in des Waldes leise rauschender Behütung eingeschlafen war und lächelte, friedlich und froh wie aus dem tiefen Traum der heilgen Waldeseinsamkeit.

(Drevenack)

Waldseele

Immer noch steht die einsame Kiefer im grauen Gras. Grau und kraus ist der Boden, wo an der Seite das Bächlein fließt, wo hinter der ebnen Breite uralter Kiefernwald im Wind des Abends wogt.

Immer schon standen einsame Kiefern hier im grauen Gras, und immer wuchsen sie und wurden kleine Bäume, ganz in Einsamkeit der Landschaft, ganz in Einsamkeit ihres verborgenen Wachsens ... und es geht die Sage, daß immer diese Kiefern einmal erlöst werden, daß sie schreiten in einer Nacht, aus dem grauen gekräuselten Gras hinweg, über den Bach, über die Wege des Waldes in das Leben, in die Welt, wo sie Menschen sind wie alle Menschen, nur daß sie eines wissen: Des Waldes Seele, und daß sie von des Waldes stillem Wesen zeugen können zu andrer Menschen (die da suchen und nicht finden können) Glück.

Aber es ist, daß diese Bäume lange stehn in unbewußtem Warten, bis die Jungfrau kommt, des Waldes Kind und schon Erlöste irgend einer Zeit, die da schreitet in der Nacht, wenn alle Sterne heller scheinen, im Frühling, wenn am stillen Bach die Nachtigallen singen und die Rehe über die stillen Wiesen gehen; jene Weiße, Reine, Einzige mit dunklem Waldeshaar und grünem Waldesschleier. Und indem sie eines Baumes Zweige greift, geht ein Erschauern durch die Äste, und sie führt ihn hinweg, den dunklen Wandersmann der Welt, den stillen Waldesträumer, mit sich in tiefstem Glück ins Leben dieser Welt.

Aber es ist wie ein Gesetz aus ewiger Zeit: die sich also tief verbunden sind, dürfen nach der Menschen Gewohnheit sich nicht angehören. Es muß ein ewiges Sehnen zwischen ihnen sein, auf daß ihre Liebe bleibt und daß immer schöner, reiner ihres tiefsten Waldesseins Verkündigung wird.

Immer aber, wenn die Nebel in den Wäldern leise schweben, wenn die stillen Vögel leise singen in einer Nacht, da groß und still der Mond am Himmel steht, wandeln sie vorüber: Merlin und Iselin sind ihre Namen, aus dem Rauschen und des Waldes Wundern, aus des Waldes Sein und Wesen selbst geworden .... im Tod und für die große Ewigkeit vereint in einem Glück, das Menschen unerkennbar, unbegreifbar ist — — wandeln sie vorüber, segnend mit ihrer Liebe, ihrem Glück ... mit ihrem Blick aus tiefen Waldeswunderaugen.

(Niederrhein)

Otto der Schütz

(Die Reiherbeize)

Zu Seite 266

Die Sage vom großen Frosch

Im niederrheinischen Land, wo es an Fröschen nirgendwo mangelt, weil auch des Wassers überall genug ist, wo in den Erlengründen in mondhellen Frühlingsnächten ein Gequake ist, daß kaum die Nachtigallen lauter singen, liegt ein Dorf an einem großen See. Man erzählt sich, daß in seinem Grunde ein großer Frosch mit Ketten angeschmiedet wäre, der mit seinem Leib des Seees Grund fast ganz bedecke. Man sagts den kleinen Kindern: „Geht nicht an den See ... der große Frosch! Er hat ein Maul noch größer als ein Scheunentor!“ Und selbst die Großen fürchten sich zu baden oder können wenigstens, wenn sie von ihren Kähnen aus Fische fangen wollen, sich der Gedanken nicht erwehren: Stört seine Ruhe nicht, der Frosch wird wach, und dann wird es vielleicht wie einmal schon, da er ins Dorf kam, aus des Wassers Tiefe langsam schwer sich wälzend, mit aufgetanem Maul sich in die große Wiese legend, und ... ?

Ja, man erzählt sich (und mancher lacht darüber), daß vor hundert Jahren oder mehr der Frosch erwachte, und daß plötzlich, ohne eignes Wollen, alle Leute dieses Dorfes quaken mußten. Es war an einem Sonntagmorgen. Der Pfarrer, der gerade auf der Kanzel stand und mitten in der Predigt war, begann zu quaken. Und der Küster, als er vorsang, quakte, und die Gemeinde, als sie das Lied aus dem Gesangbuch sang, alles quakte mit. O, es war ein wunderliches Singen, und ein wunderlicheres Durcheinander hernach, als sie draußen auf dem Kirchplatz sich darüber unterhalten wollten, daß ihr Pfarrer und der Küster auch .... verrückt geworden seien. Und, das war das Wunderbarste: es wußte jeder nur vom andern, daß er quake; an sich selber merkte er es nicht, so daß also jeder glaubte: Alle sind verrückt, nur er selber nicht.

Und immer quakeriger wurde das Gerede: Niemand verstand den andern, und jeder wollte doch dem Nachbar offenbaren, wie er über das große Unglück denke, daß dem Dorf soeben widerfahren wäre.

Es war nichts zu ändern.... selbst am andern Morgen quakten sich der Lehrer und die Kinder an. Einer, der angeklagt war, quakte vor Gericht, und die Zeugen quakten ebenfalls. Die Frauen am Waschfaß quakten, und der Bürgermeister aus der Stadt, den man holte, verstand kein Wort... bis schließlich die Gemeinde sich diesmal, als man untereinander kein Wort verstehen konnte, besser einigte als je zuvor und mit großen Stangen, mit Säbeln und mit Sensen dem Tode trotzend, dem Frosch zuleibe gehen wollte, der aber nur das große Maul auftat, die Backen aufblies und so gewaltig quakte, daß alle Kämpfer alle Tapferkeit verloren und eiligst wieder in die Häuser liefen. Und als der Männer Mut erfolglos war, so wird erzählt, seien die Weiber vor das Dorf gezogen und haben allesamt doch lauter quaken können als der Frosch, der dann auch schnell, als wie in großer Angst dem See zulief und sich mit lautem Geplantsche, daß die Wellen spritzten, in das Wasser stürzte und sich bis heute nicht mehr sehen ließ.

(Niederrhein)

Der Klosterpächter

Das war der Pächter, der des Klosters Reichtum nur mit neidischen Augen sah. Seine Pacht war hoch und sein Acker schlecht. „Ist das Gerechtigkeit und Gottes Wille, daß die, die doch nur beten und fasten und sich kasteien wollen, sich ein Bäuchlein mästen? Sollen wir in Sorgen unser Tagewerk tun, ihnen hohen Zins bezahlen, indes sie schwelgen in der Überfülle dessen, was ihnen Fluß und Feld und der Garten und der Stall vor allem ohne ihre eigene Arbeit bringen?" Also sprach der Pächter oftmals auf dem Weg mit dem und jenem oder auch im Krug; und wenn sie auch schon seiner Meinung waren, so gingen sie ihm dennoch aus dem Weg, die Bauern alle, die die Ehrfurcht vor dem Altgewohnten und die Angst auch vor dem Neuen wohl zurückhielt, die Wahrheit ganz zu sagen. Der Pächter aber ging so immer einsamer seine Wege, saß an Tagen, da die andern fleißig schafften, im dumpfen Winkel seines Grolls, und wie nicht anders möglich: es ging mit ihm zurück, so daß die Pachtschuld immer drückender wurde; immer weniger blieb ihm selbst für ihn und seine Frau und seine Kinder — und also tat er diesen ersten Gang, der sich zunächst alle Woche und bald noch immer öfter wiederholte: mit falschem Schlüssel in des Klosters Vorratskammer einzudringen, Obst und Fisch und Fleisch zu stehlen und es in aller Früh, noch ehe der Morgen graute, zur Stadt zu bringen, um es auf dem Markte zu verkaufen.

Das ging eine Weile gut. Vielleicht, daß der gütige Vater so ein wenig Ausgleich der Gerechtigkeit in des Pächters bösem Treiben sah,... bis ers zuletzt doch selber nimmer zu ertragen schien, weil keine Besserung mehr zu erwarten war. Und da geschah dem Manne und den Seinen ein schlimmes Strafgericht. Als er heimkam in der Nacht waren alle Äpfel, die er im Sack herbeigeschleppt hatte, faul. Und, wenn ihn dies zunächst nur zu verwundern brauchte, so kam ein Schlimmeres, das ihm zum Erschrecken wenig Zeit nur ließ: Aus den Fischen waren Schlangen geworden, die sich um ihn, sein Weib und seine Kinder schlängelten und sie zu Tode bissen, so daß sie von dem Grausigen, was nun geschah, nicht viel mehr erlebten als nur das dunkle Versinken; denn die Erde tat sich auf, der ganze Hof verschwand — und wo einst Haus und Scheune standen, war seitdem ein großer tiefer Sumpf mit Kröten, Salamandern und mit giftigen Schlangen. Und wie Unkenrufe soll man heute noch die Schreie, das Gewimmer der einstmals grauenvoll Gestorbenen vernehmen.

So war der Pächter schwer gestraft. Aber Gott ist g a n z gerecht. Von Sumpf und Moor kam weder Pacht noch Ernte, und so ist auch das Kloster in diesem Unglück nicht ganz unverschont geblieben.

(Schledenhorst)

Die alte Grett

Wer sie kannte, der wunderte sich nicht, wenn sich die Kinder vor ihr fürchteten. Und diese glaubten es, wenn man ihnen vor dem kleinen Häuschen hinterm Wald sagte: „Da, der Stall, der kleine Hänsel war darin ... !" Nur Zuckerscheiben in den Fenstern und Lebkuchen auf dem Dach, das würden sie vergeblich suchen müssen. Ihr Rücken war gebogen, immer auf den dicken Stab gestützt ging sie daher. Wie alt sie war? Ich weiß nicht, daß sie einmal jünger war ... Und ob sie überhaupt gestorben ist? Die alten Leute werden recht haben, wenn sie sagen, daß sie noch lebt. Morgens sind die Pferdemähnen geflochten. Den Kindern ist das Geld abgenommen worden im Wald, und ward kein Mensch dabei gesehen. Sie haben einen Hauch verspürt und einen Stoß ... und als sie wieder aufstanden, nachdem sie wie betäubt gelegen hatten, waren das Geld, das Brot und auch die Butter weg.

Woher sie kam? Manche sagen, daß sie nicht geboren sei. „Van Düvel ut de Wand geklopp" ... so geht die Redensart. Und man weiß nicht anders: Die alte Grett hat drüben in dem Haus gewohnt. Der alte Lehrer soll ein Schriftstück haben, von dem er nicht spricht: daß sie einmal im Gefängnis war, sie soll ihr Kind getötet haben. Doch wer weiß, ob es so ist, die Leute reden viel. Eines allerdings weiß jedes Kind, daß die Grett die Bohnen und die Erbsen auf dem Markt verkauft, obwohl sie nie eine einzige nur gepflanzt hat; daß sie nachts im Mondenschein immer draußen ist — und die Leute sagen kein Wort dazu.

Sie geben ihr das Ziegenlämmchen, das totgeborene Schwein, das erfrorene Huhn, wenn sie es haben will ... und wenn sie auch in der Mehlkammer angetroffen wird und übrigens wie im Nu, wie ein Windzug heraus ist wieder ... die Leute sagen nichts.

Sie kann sich verwandeln, und wo sie will, da brennt die Scheune. Sie kann das Geld behexen, daß es Feuer wird, und dann beginnt der Brand rechts in der Kammer oben in der Schublade der Kommode. Großmutter weiß das alles: Wie sie den Bramstrauch melkte, daß er wirklich Milch gab, wie sie sich verwandelte in einen Hasen und den Kohl im Garten stahl. Und als die Hühner in der Nacht so schrieen ... ja, die jungen Leute mögen denken, was sie wollen: Großmutter weiß, wie's ist: In einen Fuchs hat sie sich verwandelt und ... die Hälse liegen lassen.

Einmal ist sie denn auch begraben worden. Und die Gemeinde hat ein Kreuz auf das Grab gesetzt ... nicht aus Liebe, sicher nicht, viel mehr aus Angst, um damit ihren bösen Geist zu bannen. „Das Aas, die Nachtmahr," wie Grotmoder sagt, „die ja dennoch immer wieder kommt, durch die geschlossenen Fenster in die Stube und sich den Menschen auf die Brust legt, daß sie in tausend Ängsten stöhnen müssen und am andern Morgen wie zerschlagen sind". Das ist dann, wenn sie umgeht, wie an ihrem Todestag, da heulen alle Hunde in der Nachbarschaft im ganzen Dorf ... und dann schwebt sie, ihren schwarzen, ganz zerfetzten Rock wie Flügel ausgebreitet, wie eine große Fledermaus hernieder.

Einmal am Kolk ... da hat sie laut geschrieen. Ein Mann hing am Erlenbaum, die Zunge aus dem Hals. Geschlagen hat sie ihn, daß der Leichnam schaukelte und dann geschrieen: Mein Kind, mein Kind! Und tausend Kröten ringsumher haben ein fürchterlich Gekreisch dazu gemacht. Und der dies sah, dem ist sie nachgekommen, so daß er ohne Kraft zusammenbrach gerade vor dem Hoftor, wo sie ihn am andern Morgen todkrank wiederfanden.

Die alte Grett, die Hexe, von der Grotmoder stundenlang erzählen kann, die gestorben ist und dennoch immer wiederkehrt.

(an der Lippe)

Der Heidebauer

Um die zwölfte Stunde war es, da saß in der dunklen Nacht am weiten Weg durch die Heide auf dem alten Weidenstumpf am Kolk der Tod. Und da er müde war, hatte er seinen Kopf neben sich in das Gras gelegt, denn den schweren Kopf immerfort zu tragen, machte müde.

Er wartete auf jemand und würde ihn schon nicht verschlafen. Wie ein Wind rauscht es klappernd durch den Knochenleib, wenn irgendein Wesen ihm naht. Mit allen Gliedern zitternd greift er erwachend nach seinem Kopf — — und die Heideleute kennen ihn, den knöchernen Tod, das Gespenst am Kolk und wissen: Wen er ansieht, der muß sterben. Und es ist immer einmal wieder in den Zeiten, daß einer, aus der Nacht der Heide heimgekehrt, zusammenbricht und stirbt.

Der alte Heidebauer kam den fernen Weg gegangen, die weite Straße aus dem andern Dorf... und weiß besät war über ihm der Sternenhimmel, und erschreckend standen um den Kolk die manteldunklen Gestalten der Wacholder und der Krüppelkiefern. Und es ist keine Nacht so still, daß nicht die Nebelfrauen singen über dem Schilf, sirrende Stimmen der gespenstisch aufgelebten Heidenacht.

Der Heidebauer ist so hundertmal den Weg gegangen und weiß auch mancherlei von Heidegeistern, die den Knecht begraben haben in dem Kolk und den Vater angerührt, der davon starb, von dem Hund mit glühender Kette, der die Nacht durchheult und der Fackel und dem Tod, der knöchern ohne Kopf an allen Wegen wartet... weiß dies alles und lächelt drob: Wer keine Angst hat, dem wird kein Geist begegnen, und wenn er kommt, der Tod, nun eben dann ists Zeit.

Aus der Stadt war er gewandert schon am Nachmittag und hatte Geld geholt vom Kaufmann und war nun müde, als schon das Kirchturmsdreieck seines Dorfs zu sehen war und wollte gerade mit letztem Antrieb schneller schreiten, als ihn des Uhus Schrei in jener alten Kiefer neben ihm erschreckte, als sein Atem stockte, als sei ein Brandgeruch im Gras, wie Schwefeldünste in dem Wind — als, mit allen Knochen leuchtend, der Tod da saß, seinen Kopf aufnahm und sich reckte, auf ihn zuzugehen. Und als er noch dachte, ob nicht dies ein Traum nur sei und sich, als ob ihn schwindelte, den Kopf mit beiden Händen hielt, ging schon neben ihm der Tod, so daß er stehen blieb und fragte, was er von ihm wolle. „Ich will dich holen," sagte er, als sei es etwas sehr Alltägliches und ganz Unwesentliches. Und als der Bauer ihm sagte, daß zum Holen, so wie er es meinte, zwei gehörten, eben auch der, der geholt würde, griff ihn der Tod an die Schulter, so, als wenn er sagen würde, daß nun ein Ende sei und kein Sträuben mehr.

Da aber bäumte sich des Bauern Kraft, ihn über sich selbst erhebend, daß er mit seinem Stock dem Tode in die Seite schlug, hei, daß die weißen Rippen splitterten, daß die Stücke übern Weg hinflogen und daß der ganze Knochenleib einknickte nach der Seite und zusammenbrach und der Kopf herunterfiel, den der Bauer mit dem Fuß noch trat, daß er weit im Bogen flog... ins Heidekraut hinein. Und die Rippen und die ganzen Knochen raffte er mit beiden Fäusten und warf sie mit aller Kraft der übermenschengroßen Leidenschaft umher und stand nun da, auf seinen Stock gestützt, groß aufragend wie ein Sieger lächelnd drohend in der Nacht der Heideeinsamkeit.

Und es war doch, daß es wieder lähmend auf ihn fiel: Ein Hauch und doch wie Schwere, die ihm die Kraft der Glieder nahm, daß ihm die Beine zitterten, so daß er niedersank und sehen mußte, wie die verstreuten Knochen wiederkamen ... wie weiße Würmer, Schnecken, wie leuchtende Schlangen kamen sie aus dem Gesträuch heraus und formten sich von selbst zurück: Erst standen die Beine wieder, wie weiße Igel kamen die Knochen des Gesäßes gekrochen, die Rippen dann, die Arme ... und wie eine feurige Kugel schwebte aus dem Heidekraut der Kopf. Und es war nach diesem grausigen Geschehen fast wie Erlösung, als der Tod nun sprach: „Da bin ich wieder ... und ich will dich holen." Und als der Bauer sagte, daß er doch nicht gehen könnte, daß er zu schwach sei, rührte der Tod ihn an und sprach: „Nun bist du wieder stark ... Sie warten doch auf dich, dein Sohn und Weib ... die ängsten sich ..." Und als der Bauer seine Kräfte wieder fühlte, faßte er erneut den Knotenstock und ließ ihn dennoch sinken — und ahnend wohl, daß kein Entrinnen war, warf er mit weitem Schwung den Beutel mit Geld (daß er klatschend niederfiel) hinüber in den Kolk. Und als der Tod dies sah, lächelte er, klopfte ihm leise mit der Hand auf seine Schulter und sagte: „Ich hab dich gern ... und weiß auch, was du denkst ... Wenn auch dein Vater starb im Heidekolk, und wenn der Sohn ihn, um das Geld zu finden, trockenlegt ... auch er muß sterben, ob so, ob so. Auf allen Wegen geht der Tod, das weißt du doch. Und wenn nicht Sterben wäre, wie könnte Leben sein, wie könnte sich die Welt erneuern. Doch sieh die Fenster dort, sie warten deiner, du wirst die letzte kurze Strecke noch alleine gehen." Und als der Bauer sich versah, war schon der Tod verschwunden, so daß er, heimgekehrt und im Licht der Stube stehend, dachte, daß alles nur ein Traum gewesen sei, bis er sich, als sein Weib ihn fragte, des Geldes erinnerte und dann wirre Worte sprach, auch vor dem Pfarrer und dem Arzt, die in der Nacht noch kamen. Und es ward, daß er erst nach Tagen wirrer Phantasien in der dritten Nacht sehr ruhig ward und seinen Sohn zu sich beschied und ihm erzählte, was er in der Heidenacht erlebt. Und lächelnd sagte er, daß er das Geld dem Tod doch abgewonnen habe —

Zu Seite 38 Der Heidebauer

nicht des Geldes wegen — aber der Beutel sei ein Schatz, den er suchen solle, daß durch dieses Suchen der Kolk trocken würde und rings die Heide Ackerland und Weide für neue Höfe, auf daß sie so die Geister bannten und Arbeit täten, bis der Tod sie riefe.... Und nun lächelte er, anders wie in der Heide, als er aufrecht stand; anders nun im Unterliegen war es doch wie Sieg, dies Lächeln, da er seinen Sohn ansah und weit die Heide sah in Felderblüte und mit buntem Vieh auf weiten grünen Wiesen — und lächelnd legte er die Hände ineinander, und als der Sohn aufblickte, war er schon gestorben.

(rechter Niederrhein)

Der große Feldherr

Aus dem schwarzen Wald, der wie eine Wand steht in der Mondnacht, wie eine dunkle Mauer vor den Verborgenheiten der Nacht (denn die Nacht des Waldes ist der Schrecken voll, aller Schrecken, Furchtbarkeiten, die eine bange Seele schaudernd träumt): Aus dem schwarzen Wald schreitet sichtbar auf dem weißen Heideweg der Tod. Wer weiß, woher er kommt? Der Tod ist unruhvoll und wandert tausend Stunden in Tag und Nacht und hat der Arbeit viel: Im Wald ist die Verlorenheit des grausen Sterbens, ächzend verlassen einsam letzten Stöhnens — und tief verborgen liegt der schwarze Teich, da die Raben nicht lange warten auf ein Menschenaas, die schwarzen Raben, die nun krächzend fliegen aus den Bäumen hoch, dunkle Wesen vor dem hellen Licht des Mondes. O, der Mond scheint milde auf die Welt des stillen Schlafs: Wiesen, Felder und den langen breiten Weg der Heide, da der Tod hinwandelt, langsam im großen Mantel, unter dem großen Hut, langsam, Schritt um Schritt, sich stützend auf den Stock. Der Tod, — aus hunderttausend Stunden Ferne hat er sich aufgemacht, diesen Weg zu gehen. Den ging noch nie ein König oder Feldmarschall. Und die Menschen schlafen in den dunklen Häusern und ahnen nicht, daß der Tod den Heideweg hinschreitet, da noch gestern ihre Karren fuhren — hoi hot, rief der Fuhrmann und die Peitsche knallte —, da noch gestern Kinder gingen, die die kleinen Blumen in dem Grase suchten. Ja, die Menschen schlafen, in die Nacht versunken. Und nur einer weiß ihrer Träume Seltsamkeiten, einer sieht durch dunkle Fenster und durch schwarze Mauern — einer, der Wissende, schreitet wie ein Feldherr einsam seinen Weg. Der graue Unscheinbare in dem schwarzen Mantel; Napoleon der dunklen Heere.... O, der Mond scheint lieblich in die stillen Gärten der kleinen Häuschen rechts und links am Wege. Wer aber sollte nicht furchtsam werden, so er dieses sieht: der stillen

Häuser Traum, und so er weiß der Kinder Schlafen in der Eltern Sorge so ahnungslos in neuen Morgens Spiel und Arbeit — und der Tod geht um?! Vielleicht nur, daß er müde ist und sieht nicht rechts und links, langsam, langsam schreitend über der Kiefern breiten, langen Schatten: der Tod, der alte, uralte Mann, keuchend, wie mit schwacher Brust; er sinkt am Wege hin, am kleinen Hügel, wo die gelben Blumen stehen, da am Tage die Bienen summen, und schläft. Der Feldherr schläft, der König schläft, der Tod, der Wanderer von tausend Jahren her — und die Raben fliegen nieder, und wie zur Wache sitzen sie zu seinen Seiten, und der Mond scheint hell und friedlich in das stille Dorf. O, wenn dies einer schrie durch enge Straßen: der Tod ist da, der Tod liegt auf dem Stein vorm Dorf und schläft... wie würden alle Lichter durch die Fenster scheinen, und Kinder würden schreien, Mütter beten... vielleicht im alten Kirchturm, der wie ein spitzes Dreieck in die helle Nacht hinaufragt, würden die Glocken wie von selber in Erschütterung der Ängste läuten — oder einer, dem die Not zu tief zu Herzen ging, würde heimlich lauern um den Zaun, den alten Säbel in der Faust: Doch der Tod ist längst schon aufgewacht. Die Raben sitzen auf der alten Kiefer — der Tod steht auf und reckt sich und schwingt den Hut mit junger Kraft. Der Tod schlief eine Viertelstunde für tausendjährigen Tag — und spricht: ja, der Tod spricht Worte, langsam, schwer, wie richterliches Urteil einer schweren Wandlung der Dinge dem, den es angeht. Wem gilt des Todes Wort? Die Raben fliegen auf, der Tod geht langsam an den Hecken her, schleichend, leise, ins halbe Dorf und kommt zurück: irgendein neuer Wille regt sich in der Welt. Der Wind wird wach, die Sträucher und die Bäume schaudern und jagen die Vögel blinden Flugs aus ihren Nestern... ein fahler Schimmer übern Himmel hin ... wo ist der Tod? Wie eine Katze klettert er am Kirchturm hoch ... der Mantel weht im Wind ... im bleichen Mondlicht, fahl im Licht wie einer Sterbelampe steht er hoch und löscht die Sterne mit der Knochenhand — o, deutlich mit den kahlen Fingern schlägt er ins Gesicht des Mondes, schwingt seinen Mantel hoch ... und dann ist finstere Nacht, schwarze Nacht der Wolken und des Sturmes. Hui, wie die Raben schreien, ob sie die Botschaft brachten in den Wald, die Heere zu rufen: ob nun der Feldherr schon bei seinen Führern ist, ob das stille Dorf des Königs Hauptquartier ist für die Nacht, die Heere in die Landschaft zu zerstreuen zum Überfall aller sorglos Schlafenden? Das stille Dorf; es ist ein Fenster hell, — ob in Stunden eine arme Seele schreit, und es irrt ein Licht im wirren Wind der Welt? Grausig ist die dunkle Heidenacht. Die Hunde heulen ringsumher den Morgen wach ... da vielleicht ein Klagen und ein Weinen in dem Wind der grauen Dämmerung weht: über die Felder, Wiesen, Häuser hin in der Heide welt- und zeitverlorene Unendlichkeit.

(rechter Niederrhein)

Der schlafende Tod

Im Wald ist ein grüner Hügel mit kleinen gelben Blumen im Gras, und daneben am Teich, wo die duftenden Gagelsträucher stehn, blühen Vergißmeinnicht und roter Weiderich. Aus dem Teich fließt ein Bächlein plätschernd über blanke Steine am grünen Moos des Ufers her... plaudernd mit dem Zwitschern kleiner Vögel in den Erlenbäumen — und es ist schön, an Sommertagen da zu liegen und der weißen Wolken Fahrt im hellen Blau zu sehen.

Im Wald zum Hügel kommt ein Mann gegangen, am Bach vorbei. Leise knistert das trockene Holz im Moos. Warum fliegen die Vögel aus den Bäumen tief in den Wald, warum senken die kleinen Blumen welkend die Köpfchen, warum wird der Himmel grau mit Wolken und des Teiches Spiegel glanzlos, stumpf und dunkel?... Es kommt ein Mann gegangen im großen grauen Mantel, mit großem Hut, der schattet dunkel sein Gesicht... ein grauer Mann, frierend verhüllt im heißen Sommertag, als ob der kalte Herbst mit Stürmen Hagel prasseln wollte übers Land. Es kommt ein dürrer Mann gegangen, klappernden Schrittes und schwer am Stab sich schleppend bis zum Hügel hin: Der Tod, der hunderttausend Meilen müde Tod und sinkt ins Gras und zieht den Mantel dicht um sich und schläft.

Im Dorf aber singen die Kinder in der Schule helle Lieder; und es ist eine Hochzeit im Dorf, die Glocken läuten, die Mädchen haben ihre weißen Kleider angetan und gehen zum Tanz... Ob auch der Himmel grau sich überzieht: Im Dorf ist frohe Zeit und Lust und Lärmen, da die Kinder aus der Schule laufen... und im Walde, eine halbe Stunde weit, liegt der Tod und schläft.

Ob der Tod weiß, daß drüben hinter den Feldern im kleinen Haus ein Kind geboren ist? Ob das Bilder sind in seinem Traum, der Mutter

Weh und Glück?... Ob der Tod das weiß, daß gerade in der Wirtschaft eine Sitzung ist? Der Bürgermeister kann sein Urteil sprechen in allen Dingen. Er geht ans Fenster: „Es mag noch Regen geben. Und es wird auch kalt... Doch die im Saal da werden schon nicht frieren in der Nacht." Der Bürgermeister ist ein lustiger Mann und macht gern einen Witz, daß alle lachen... Der Tod am grünen Hügel in dem Wald in Gras und reifversengten Blüten schläft und schläft in Totenstille, da kein Vogel singt... und die beiden Rehe, die an dem Teich zur Tränke gehen wollen, sehn die Gestalt am Hügel liegen und springen über Farn und grüne Sträucher hin, daß die kleinen Mädchen vor Schreck die grünen Körbchen fallen lassen, daß alle blauen Heidelbeeren auf die Erde rollen. Ja, wer ahnt wohl, daß der Tod im Walde liegt und schläft? Die Eltern, die beim Kaffee sitzen und süßen Schnaps und lachen, da die Musik spielt: „Schön ist die Jugend, sie kommt nicht mehr?"... Der Bürgermeister und die Herren Gemeinderäte?... Die Kinder sind erschrocken angekommen und haben erzählt: Ein Toter liegt im Wald, der hat knöcherne Füße und einen grauen Mantel um, und Hut und Stock liegen neben ihm. Und der Bürgermeister ist dann hingegangen mit zwei Gemeinderäten und dem Polizist. Der hat geflucht über die Kinder, die am hellen Tag Gespenster sehen. Aber es war ein Schreiben aus der Stadt vom Landrat über einen, der verschollen war... und sie wollten grade wieder gehen, da hörten sie ein Rascheln in dem dürren Holz: eine Schlange war dem Tod ins Ohr gekrochen — —. Da lag er denn und wendete den Kopf und sah sie grinsend an (der Mond schien grade zwischen Wolken her auf den bleichen Schädel) und schlief dann wieder ein. Der Bürgermeister aber, der ein schwerer Mann war, sank, als sie atemlos und schwitzend im Dorf im Wirtshaus ankamen, von dem Stuhl und stand auch nie mehr auf... Da ward es totenstill im Saal. Die Musik verstummte, die Menschen sahen wie Gespenster bleich, und der Bräutigam faßte seine Braut am Arm, als ob sie ihm entweichen könnte; denn als noch grade einer der Gemeinderäte erzählte von dem Tod im Walde, huschte ein schwarzer Schatten vor den Fenstern her — und nun standen sie

alle da: Der Tod ist aufgewacht, der Tod ging durch das Dorf, der Tod ist über Feld, wer hat den Tod gesehen, welchen Weg er ging, wen zu ergreifen ... ? Und keiner wagte einen Schritt zu tun bis in den Morgen — und sie saßen stumm und schauernd an den langen Tischen.

Drüben im Armutshaus jedoch, da war ein Kind geboren. Sie wußten nichts vom Tod, der wie eine dunkle Wolke hinter dem Walde stand, indes der Vater aus dem kleinen Fenster glückselig lächelnd in das friedeselge Licht der ewgen Sterne sah.

(Niederrhein)

Hexen

Allerlei Geschichten weiß Großmutter zu erzählen — von den Hexen und den bösen Geistern, die die Schwänze der Kühe zusammenbinden und die Pferdemähnen flechten heimlich in der Nacht, und so fest, daß man sie kaum wieder lösen kann; die den Bramstrauch melken — sie sagen einen Vers dazu, und es fließt weiße Milch heraus.

Und da ist die Nachtmahr am Niederrhein, die die Menschen in den Nächten unsichtbar zu quälen vermag, sich ihnen auf die Brust setzt und Atem und Bewegung nimmt. Die Leute beten ihre Sprüche:

„Nachtmähr, Nachtmähr, lelk Dier,
Komt van dese Nacht niet hier.
Alle Boome sollt gy blaen,
Alle Water sullt gy waen,
Alle Grasspiere sullt gy telle,

Dan komt se myn dese Nacht niet quäle.
Heilebüdche, Ferkesschnüttje,
Achter ons Huys do wont ene Mann,
De Heilebüdje genesen kann."

Jos. Nießen.

Ja, Großmutter weiß viel von alten Frauen, die sich verwandeln können: in einen Fuchs, der Hühner stiehlt, in junge Mädchen, die zum Tanze gehn — und wer mit ihnen tanzt, der muß sterben in der elften Nacht.

Und als der kleine Derk Großmutter fragte: „Kannst du dich auch verwandeln?" — da ward sie böse und sah ihn zornig an, mit Augen, daß er richtig bange wurde.

Aber als die andern lachten und spotteten, daß das alles dummes Gerede wäre, es gäbe keine Hexen und habe nie welche gegeben, da wurde Großmutter ganz erregt. Was, keine Hexen? Daß es wohl Hexen gäbe! Bei Krefeld auf dem Hülserberg, da tanzten sie heute noch. Hui — so fahren sie aus dem Schornstein heraus, auf Besenstielen reitend durch die Nacht. Und der Teufel mit dem Feuerschweif ist auch dabei. Es gäbe keine Hexen? Da sollten sie in stillen Nächten einmal zum alten Kolk hingehen, da könnten sie sogar das Teufelsfeuer sehen. Und in den Nächten, wenn der Herbststurm pfeift! Ja, auch der Wind macht hui, hui... aber das sei anders. Wer einmal das wahre Hexengeschrei gehört habe, der vergesse es sein Leben nicht mehr.

Da sei der Hülserberg, auf dem habe man — ach, das ist noch gar nicht lange her — zwei Schädel gefunden. Und ihre Großmutter habe ihr doch oft erzählt, daß zwei Mädchen verbrannt worden wären. Sie hätten es selber gestanden, mit dem Teufel getanzt zu haben. Nein, sie wüßte das, und da könnte man heute sagen, was man wolle ... sie ließe sich nicht davon abbringen, daß es Hexen gäbe.

„Warst du denn auch schon mal dabei?“, fragte da wieder der kleine Derk. (Und die Mägde lachten.) Aber das war Grotmoder denn nun doch zuviel. Zornig stand sie auf und ging ohne gute Nacht zu Bett.

(Niederrhein)

St. Petrus und der Herr bei einem Bauer

Eines Tages kam der Herr mit St. Petrus auf seiner Wanderschaft in ein Dorf; in dem ersten großen Bauernhaus kehrten sie ein und fragten um ein Nachtlager in der Scheune. Der Bauer, ein echter Gradaus, sagte: „Ja, ja! das ist schon gut, aber so kräftige Leute, wie ihr seid, können auch die Kost verdienen. Ihr könnt sogar die ganze Woche hierbleiben; dagegen müßt ihr mir für Essen und Schlafen dreschen helfen.“ St. Petrus schaute den Herrn seitwärts mit einem eigentümlichen Blick an, denn das Dreschen gefiel ihm gar nicht. Der Herr ging ruhig auf das Verlangen des Bauern ein. Nach einem kräftigen Abendessen führte der Bauer die beiden auf die Zelle, wo ihr Bett stand und sagte: „So, da sollt ihr schlafen! Morgen früh zwei Uhr müßt ihr auf der Dähl sein zum Dreschen.“ Beide lagen in einem Bett, Petrus vorn, und waren bald eingeschlafen.

Am andern Morgen gegen 9 Uhr wird Petrus von einem furchtbaren Lärmen und Poltern geweckt. Der Bauer steht vor dem Bette und schimpft über die Langschläfer. Zugleich haut er dem Petrus gehörig eins über, weil er, vorn liegend, zuerst hätte aufstehn müssen. Natürlich sprangen beide rasch heraus und halfen dreschen. Heute ging die Arbeit wunderbar vonstatten. Alle Arbeiter waren fleißig und guter Dinge, so daß wohl dreimal soviel ausgedroschen wurde als an einem andern Tage. Der Bauer stand schmunzelnd dabei und hatte seine Freude daran.

Der Tag schwerer Arbeit brachte Müdigkeit und Schlaf mit sich. Abends wünschte St. Peter, der Herr möge vorn schlafen; denn, sagte er, so einem groben Bauer ist nicht zu trauen, und ich mag nicht immer die Hiebe haben. Der Herr, in seiner ruhigen, stillen Weise, erfüllte den Wunsch St. Peters. Am andern Morgen dieselbe Wirtschaft: kurz nach 8 Uhr steht der Bauer wieder mit der Peitsche drohend am Bette. „Immer sich verschlafen!" schrie der Bauer, „ihr seid doch rechte Faulenzer! Wer ist schuld daran? Gestern habe ich den Vordermann geprügelt, das scheint nichts zu nützen; jetzt soll sie der Hintermann haben, weil er seinen Kameraden nicht heraustrieb." Und damit schlug er wieder auf den armen Petrus los. Der krümmte sich vor Schmerz und Verdruß. Im Laufe des Tages beschwor Petrus den Herrn, sie möchten doch weiter ziehen, denn ein solches Leben sei nicht auszuhalten: schwere Arbeit und noch jeden Morgen Prügel, das möchte ein anderer ertragen!

Beide gingen am Nachmittag fort, St. Peter mehr und mehr überzeugt von der Wahrheit, daß die Welt nichts ist als ein Jammertal und das Leben nichts als Kreuz und Leid.

(Niederrhein)

Otto der Schütz

(Der Meisterschuß)

Zu Seite 266

Der Meister über alle Meister

In jener glücklichen Zeit, als unser Herr noch unter den Menschen wandelte, kam er eines Tages in Begleitung des heiligen Petrus durch eine Stadt. In der Hauptstraße trafen sie von ungefähr auf die Werkstätte eines Schmiedes, der der Welt seine Kunst und Geschicklichkeit durch die prahlerischen Worte auf einem Schilde über der Türe verkündigte: „Hier wohnt ein Meister über alle Meister."

Da sprach unser Herr zu Petrus: „Wollen doch einmal eben vorsprechen und diesen eingebildeten Prahler von seinem Dünkel und seiner Anmaßung gründlich kurieren." — Traten also in die rußige Schmiede und fragten den Meister, den sie eben antrafen, bescheiden um Arbeit, vorgebend, daß sie wandernde Zunftgenossen seien und sich nach Arbeit umsähen.

Der Meister war hocherfreut und grüßte herzlich die willkommene Hilfe, die ihm in Gestalt so schmucker Gesellen wie vom Himmel gesandt erschien. Er beauftragte unsern Herrn auch sogleich mit dem Beschlagen eines Pferdes, und Petrus sollte ihm helfend zur Hand gehen.

Unser Herr nimmt alsbald ein großes Messer und schneidet, während die Zuschauer vor Grausen sprachlos stehen, dem Pferde einen Fuß nach dem andern ab, spannt sie zwischen den Schraubstock, schneidet sie nach allen Regeln der Kunst zurecht und schlägt in aller Gemütsruhe die neuen Eisen auf die Hufe. Nachdem dies geschehen, setzt er jeden der Füße wieder an das zugehörige Pferdebein, als wär's eben nur ein Kinderspiel. Doch siehe da! alle Füße sind alsbald heil und gesund und so richtig beschlagen wie nie zuvor.

Grenzenlos ist das Erstaunen des früher so eingebildeten Meisters; voll Reue wirft er sich dem Herrn zu Füßen und gelobt von der Stunde an, sich zur Demut zu bekehren und das Schild mit der lügnerischen Inschrift zu verbrennen. Der aber, durch den er so handgreiflich von dem

Dasein eines Meisters über ihm belehrt worden, setzte noch in derselben Stunde, von St. Petrus begleitet, seinen Wanderstab weiter, um auch andere Leute mit seiner frohen Botschaft zu beglücken. (Niederrhein)

Die Verjüngungskur

Unser lieber Herr und St. Peter kamen einst vor eine andere Schmiede, über deren Eingangstüre auch das Schild „Hier wohnt ein Meister über alle Meister" prangte. Sie baten, sich für Schmiedegesellen ausgebend, um Arbeit. Sie wurden angenommen und sollten gleich zeigen, was sie gelernt hatten.

Unser Herr schreitet zum Herdfeuer, Petrus soll den Blasebalg ziehen und dann mit dem Vorhammer zuschlagen. Da auf einmal betritt ein altes Weib die Schmiedewerkstätte, um nach ihrem Hehlhaken zu fragen, den sie in Arbeit gegeben hatte. Die Frau schien stockalt zu sein: Gesicht und Hände voll tiefer Runzeln und Falten, so daß es aussah, als habe sie zu Karls des Großen Zeiten schon gelebt. Der Herr griff unversehens die Alte beim Genick und warf sie in die sprühende Feuermasse hinein.

St. Peter blies aus Leibeskräften in die zischenden Flammen, und als die Frau nun mit großen Zangen wieder hervorgeholt und auf den Amboß gelegt worden war, da schlugen beide mit aller Kraft mit ihren Hämmern auf sie los.

Unser Herr drehte und wendete die anfangs formlose Masse mit kundiger Hand. Und als die Hämmer in Stillstand gebracht worden waren und sich zu Boden senkten, war aus der häßlichen Alten ein bildschönes, junges Mädchen geworden, das kaum 18 Jahre alt zu sein schien.

So was hatte selbst „der Meister aller Meister" nie gesehn. Die Sache gefiel ihm aber, und kaum hatten die beiden Fremden das Haus verlassen, so rief er in aller Eile seine Frau herbei. Bei dieser waren Schönheit und jugendliche Reize längst verblüht, und die Gassenbuben nannten sie die Alte aus der Schmiede. Der Schmied faßte sie bei den

Händen und Füßen und warf sie, wie er es vorher gesehen, in die Feuersglut hinein. Die arme Gepeinigte schrie bald über und über mit Brandwunden bedeckt in schrecklicher Qual Zeter und Mordio und stieß endlich, als alles nichts half, die schrecklichsten Flüche und Verwünschungen aus. Doch ihr Eheherr kannte kein Erbarmen. Er nimmt sie aus dem Feuer und schlägt ihr auf dem Amboß mit Hülfe des Gesellen alle Knochen entzwei, so daß schließlich anstatt eines jugendlich-schönen Mädchens eine gänzlich unförmige Masse daraus wurde. Dem unglücklichen Meister drang der Schweiß zu allen Poren hinaus; er befahl dem Gesellen, den beiden Fremden nachzueilen, die ja noch nicht weit sein könnten und sie kniefälligst zu bitten, wieder zurückzukommen und ihm in seiner großen Not zu helfen. St. Peter, gerade umschauend, sieht den Gesellen im vollen Lauf herankommen und spricht zum Herrn: „Da kommt der Geselle aus der Schmiede, in der wir eben waren.“ Lächelnd entgegnete der Herr: „Ich kann mir schon denken, was der will. Sein Meister wird sich an seinem Weibe schwer versündigt haben; ich soll nun kommen und den Schaden wieder gut machen.“

So war es, und man folgte dem atemlos keuchenden Gesellen auf dem Fuß zurück zur Schmiede und gab dem Meister seine Frau in ihrer alten Gestalt wieder.

„Du hättest wohl,“ so begann Jesus, „zur Strafe für deine Anmaßung und deinen Leichtsinn verdient, daß ich dir von deiner Pfuscherei statt deines Weibes einen bösen Affen gemacht hätte, der dir jeden Tag mit langen Nägeln dein Gesicht zerkratzt. Indes habe ich aus Erbarmen diesmal Gnade für Recht ergehen lassen; laß dir aber nie in deinem Leben mehr einfallen, einem höheren Meister ins Handwerk zu pfuschen.“ Der Schmied, tief gedemütigt und zerknirscht über das Vorgegangene, dabei froh, daß die Sache einen so glimpflichen Ausgang genommen, schwur hoch und teuer, von dieser Stunde an sein Herz zur Demut zu wenden und das Schild mit jener überheblichen Aufschrift ins Feuer zu werfen. (Niederrhein)

Das Winterlaub

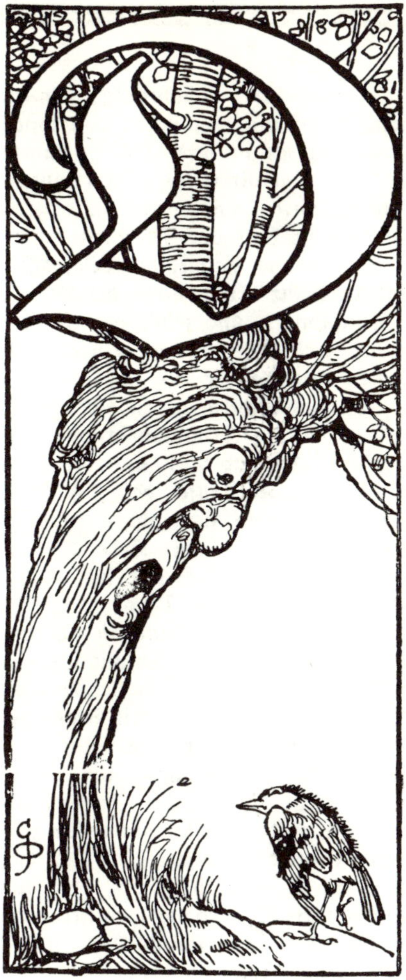

Da unser lieber Herrgott auch hierzulande die Herrlichkeit seines Reiches immer weiter ausbreitete, mußte sich der Teufel in das Dickicht des Waldes und in das Dunkel der Nacht zurückziehen. Da trieb er in Nacht und Wald allerlei bösen Spuk zum Schaden und zum Schrecken frommer Leute. Er berief seine Anhänger und schlug vor, mit dem lieben Gott um die Alleinherrschaft zu kämpfen. Seine Gesellen aber widerrieten das, und es wurde der Vorschlag angenommen, mit dem lieben Gott einen Vertrag zu machen, daß die Herrschaft zeitweise wechseln sollte unter ihnen beiden, also, daß der eine sich in das Innere seiner Wohnung zurückziehe, wenn die Waltung des andern anfange. Jeder sandte dazu einen Vertragsmann, und diese haben ausgemacht, daß der Herrgott herrschen solle die Zeit über, wenn das Laub an den Bäumen sei, der Teufel aber, wenn es abgefallen und der Wald völlig kahl stehe. — Die Vertragsboten waren auf einer einsamen, kahlen Heide zusammengekommen, wo sie sich für unbelauscht hielten. Ein Zaunkönig aber hatte, von ihnen unbemerkt, unter einem verwehten Laubblättchen in ihrer Nähe gekauert und hatte alles angehört. Der hat es dem Markolf (Eichelhäher) hinterbracht, und dieser hat es in den Wald geschrieen und gepfiffen, daß es die Bäume alle wußten. Als nun der Herbst kam und sie ihren Laubschmuck abwerfen sollten, da blieben die fromme Tanne, die Walddistel (Hülse) und der Wacholder grün, und auch der Eibenbaum, die Mistel, der Buchs und der Efeu behielten Grünschmuck, und selbst der Ginster auf der kahlen Heide behielt seine grüne Farbe. Die Eichen, Linden und Buchen, besonders die Maibuchen, hielten ihre Blätter fest, obwohl diese dürr und vergilbt waren. Wie sehr Frost und Sturm daran zerrten, sie ließen nicht ab, bis der Mai ihnen wieder frisches Grünlaub brachte, auf daß der Teufel nicht sagen konnte: „Der Wald ist kahl, und der Tag meiner Alleinherrschaft ist gekommen!" Da sah der Teufel, daß sein Reich zu Ende war. Wenn auch die Erlen und Weiden sich ihm willfährig zeigten, so mußte er sich doch zurückziehen in die Tiefe der Erde. Nur in dunkler Mitternacht wagt er noch hervorzutreten, jedoch nur als machtloser Spuk. Drum aber hat der liebe Gott die fromme Tanne so gerade wachsen lassen, weil sie ihm Treue erzeigte und ihr Grün im Winter nicht abwarf; und die Walddistel und den Wacholder hat er mit scharfen Spitzen beschützt, daß sie unverletzt bleiben, und sie alle drei hat er auserlesen zur Zierde des Weihnachtsfestes. Den Efeu hat er mit seiner getreuen Eiche vermählt und den schwachen Ranken Dach und Stütze gegeben. Den Buchs hat er zum Zeichen der Freude bestimmt, auf daß er den Brautleuten beim Kirchgange vorgestreut werde. Die Buchen, die einen Teil ihrer dürren Blätter festgehalten, sind im Mai am ersten und schönsten begrünt; weder Sturm noch Wetterstrahl zerreißen sie; das wissen die frommen Landleute. Die Linde ist dadurch geehrt, daß aus ihrem Holze die schönsten Heiligenbilder durch Meisterhand gestaltet werden. Die Erle aber, die ihr Laub abwirft, ist auf den schlechtesten Standort verwiesen, und die Weide bedeutet Trauer und Unglück.

Zwar treibt der Teufel im Winter, wenn viele Bäume ihr Laub abgeworfen haben, oft Böses mit Frost und Schneesturm. Wenn dann aber die Landleute in den Wald kommen und das dürre Laub noch fest an den Buchen und Eichen sehen, so sprechen sie: „Des Teufels Reich ist doch zu Ende, der liebe Gott waltet noch und wird uns das dürre Laub mit grünem vertauschen.“ (Niederrhein)

Schwarzaburg

Unabsehbar weites, graues, baumloses Land: Heide, graue Heide — und darinnen steht das Gemäuer, ruinenhaft Turm und Haus, verlassen von Menschen, Bild gestorbenen Lebens und Fluch und Verdammnis bis in alle Ewigkeit. Es ist keiner, der am grauen Weg sein Haus baut: er wird verhungern; denn es geht die Sage, daß weder Baum noch Strauch gedeihen sollen, bis des alten Ritters ruchlose Tat gesühnt. Doch wer wird darauf warten? Und wenn er warten sollte: wer will alle Nächte ohne Ruhe sein, wenn im ganzen Umkreis feurige Geister spuken, schwarze Hunde, unsichtbar geführt an glühenden Ketten, heulend durch die Heide jagen — und die Hexen tanzen, die weiße Jungfrau aus dem Totenkeller und die Mutter aus dem schwarzen Wasser, mit Fackeln leuchtend und ihre Klage schreiend gegen den wilden Ritter, den ruchlosen Vater, der sie alle umgebracht?! Schaurige Lieder, daran ein Mensch vor Schrecken sterben kann! Wilde Jagd durch die Nacht — und fern im Gemäuer blitzen die Fenster auf, feurige Ratten klettern hoch am Turm, polternd wirft der alte Ritter, der schwarze Geist, durch die Fenster nach den schwarzen Hunden — wer wird wohnen in der verwünschten Heide, da der Teufel herrscht? Tausend Gespenster in der Heidenacht, und wer mit jungem Weibe einzöge in ein Haus am Wege, hundert Stunden auch von Schwarzaburg, und junge Bäume pflanzte, sein Weib und seine Bäume würden welken, und er selber würde siech, das Haus bräche ein: runde Maulwürfe, wie Hundeleiber dick, wühlen die Erde auf: Tod und Verdammnis bis in alle Ewigkeit!

Es geht die Sage, daß einmal die Erlösung kommt, der Geister Bannung in die Nacht und endliche Verwesung. Es sind der Zweifel aber mehr als Glauben — und doch und doch... Wer weiß in kalten Winternächten der Welt verborgene Keime, die doch einmal blühn?...

Es war schon immer einmal wieder in grauen, regenlosen Jahren das Stäubchen hinterm Horizont, das keiner ahnte, da alle seufzten im Verdursten, das aber war und wuchs, und war vor Abend noch das Wetter hoch und prasselte Regen, und in den grauen Gärten wuchsen rote Blüten.

Es geht die Sage, daß gen Niederland und ferner noch am Meer, daher der Junker kam, der weiße Blando, (der den Christus liebte), den der rauhe Wuthar tötete um seiner Liebe zu der Tochter willen (und Weib und Kind dazu), daß dort verborgen noch ein Reislein wüchse, ein Mädchen, sehnend in die Frühlingstage, lieblich wie die jungen Rosen blühend und singend süß wie junge Nachtigallen in Mondscheinabenden; ein Mädchen, das die Sehnsucht in die Welt in sich begrub in alten Tagen, da sie Mutter war und Kinder weinend um ihr Sterbelager standen. O, der Welt Vorsehung ist Menschen unerkennbar fremd. Durch Jahre blühte dieses Geschlecht in Kindern und Kindeskindern (indessen Schwarzaburg in dunkler Starrheit schreckhaft in den Abenden des Frühlings, Sommers, Herbstes und Winters stand) — und nach tausend Jahren, da in alten Büchern einer las vom jungen Blando, der hinausgezogen und nie heimgekehrt, ermordet von Wuthar, dem Gewaltigen von Schwarzaburg — da war das Stäubchen Fruchtbarkeit gelöst fern hinterm Horizont: der junge Bursche hatte ein Ahnen tief, als sei ihm eine Sendung anvertraut, und zog hinaus. Und zieht durch Wald und Heide, durch lieblichen Gesang, und ist ihm alles wie Erinnerung und Bedeutung und wandelt wie im Traum, als wie in fremder schwebender Unwirklichkeit dahin, und ist nicht sonderlich erstaunt im jungen Morgen, da er, am Brunnen unter süßem Lindenduft erwacht, das Mädchen sieht mit weißer Haut und blonden Haaren, das Mädchen mit dem

Rosenkranz im Haar, dem Brautkranz, Hochzeitskranz — sich spiegelnd in der Klarheit dunklen Wassers, da Natur den grünen Rahmen um den Spiegel wachsen ließ mit samtenem Moos. Sind nicht sonderlich erstaunt die beiden, beisammen nun des Weges fortzuwandern. Die Vögel singen, und die Bienen summen, der Fuhrmann knallt mit der Peitsche, Lieder pfeifend im hellen Morgen auf der großen Straße, da sie wandern. Wer weiß, wohin zu wandern und des Lebens Ziel! Liebe treibt die Füße und Gedanken, und indem sie wandern viele Tage, blühn in kalter, grauer Heide Blumen auf in tausend Farben und in den Wiesen Glockenblumen, roter Weiderich und weiße Margareten — und fern am Horizont erscheint ein leuchtend Rot: Turm und Häuser, weiland schreckhaft dunkel, stehen lieblich nun im Licht des hellen Tages, und durch die Fenster lächelt aus den Stuben Freundlichkeit und die Verheißung eines schönsten Glücks. Und ein Schwarm von jungen Vögeln, Lerchen, tirilierend, fliegen auf — und da sie über die schmale Brücke gehen, Sigurd und Selga, lächelnd in das grüne Land der Wiesen, lächelnd im Bild des Wassers, da weiße Schwäne stille Kreise ziehen, kommt von der Seite her ein Zug von Menschen, die tragen Fahnen und haben goldene Hörner, blitzende Trompeten und Geigen, Flöten süßer Melodie.. und ward ein Fest und Singen und süße, selige Liebe bis zum Morgen, da Sonnenschein sich hinterm Walde hob und Schwarzaburg mit hellem Licht bekränzte... und stolz die Fahne von dem Dache wehte.

So liegt das Schloß am Fluß im grünen Land. Im Frühling summen die Bienen in der hohen Linden süßen Düften, denn alte Bäume wuchsen seit vergangenen Tagen aus der Erde Grund. Gärten, die in roten Rosen blühn in Sommerpracht — und Kinder suchen singend, spielend die ersten Früchte in der Bäume Schatten. Und wo die Heide war, ist Wald — und inmitten stiller Häuser friedliche Gemeinsamkeit der Menschen; und am Rand der Wiesen schauen Rehe in den Frühlingsmorgen mit den Unschuldskinderaugen. Kraniche ziehen im Herbst hoch über des Turmes bunter Wetterfahne: dann träumt die Sehnsucht weit in Wanderferne, und im Winter lesen Menschen in den alten Büchern von dem verwunschenen Schloß des dunklen Grauens, dessen Fluch die Liebe wandelte in Segen — und ahnen nicht, daß die dunklen Geister der Zwietracht und der Bosheit dennoch da sind, ahnen es nicht im Licht der Weihnachtskerzen. Der dunklen Geister Bosheit ist so fern, so fern dem Beieinandersein in stiller Stube Lampenlicht und Liebe in Tagen, da des Winters Stunden lieblich träumen, ist so fern den gütemilden Herzen ... wenn der Frühling erwacht, der Sommer bunte Kränze windet und blüht und reift — und wenn der Herbst, der milde, gute Herbst die reifen Früchte in die Scheune fährt.

(rechter Niederrhein)

Der Traum der heiligen Nacht

Es war ein reicher Mann in einer Stadt am Niederrhein; groß und vornehm stand sein Haus am Markt, und die vorübergingen, ob arm, ob reich, sahen gern hinauf zu seinem Fenster, an dem er oftmals saß, da er gütig war und immerfort bereit zu helfen, da er ein freundschaftliches Lächeln hatte gegen jedermann.

Ob manche ihn verehrten und vielleicht sogar beneideten, nun in der Weihnachtszeit, da sein Haus in Kinderfreude wiederhallte, da es im äußeren wie im innern Glück durchklungen und durchsungen war — dennoch, als die Glocken läuteten um Mitternacht und er in Pelz und Mantel allein durch die mond- und sternerhellte, schneeerglänzte nächtliche Stille zur ersten Messe ging, war sein Herz bekümmerter, als mancher denken oder auch nur ahnen konnte. Und als er in der Reihe der Kirchenstühle saß, die den Reichen angehörten, wurde um so mehr sein Herz beschwert, nicht, weil er der Einzige war, der Gott die Ehre gab in dieser Nacht, sondern weil er auf kalten Steinen nebenan die Armen sich drängen sah: Kranke, Schwache, Greise, Kinder, Männer, Frauen ... denen nichts mehr hier auf dieser Erde blieb, als sich zu Gott zu retten, denen das Licht des heiligen Altars die einzigen Weihnachtskerzen waren, und denen kein irdisches Geschenk gegeben werden konnte, nur des Trostes himmlische Gnade und Verheißung.

Und indem er betete, der Reiche in dem mit Zierat reichgeschnitzten Stuhl, indem in göttlichem Versenken all das Sinnenhafte um ihn schwand, erschien ihm wie in wachem, ganz bewußten Traum dies Bild: In der sich ganz in weißem Licht erhellenden Kirche mit einem Glanz, der nicht von dieser Welt sein konnte, erhob sich von dem Sockel neben dem Altar das Standbild Mariä mit dem Jesuskinde selbst, langsam durch die Kirche schreitend, mit einem mitleidvollen Blick zu seinem reichen

Der Traum der heiligen Nacht

Stuhl hin zu den Armen, Krüppeln, Kranken, Greisen, Kindern ... und reichte jedem ihren Sohn, der alle, ob groß ob klein, sauber oder in zerrissenem Kleid, küßte, jeden beglückte mit dem Wunder dieser heiligen Nacht, da allen Menschen eines guten Willens Friede in Gottes ew'gem Wohlgefallen werde.

Das war nach allem, was den reichen Mann vorher beschäftigt hatte und beschwerte, für ihn so sehr erschreckend nicht, als mancher denken mag: Und so wars für ihn kein schwerer Schritt, kein zu starkes Wollen, war die Vollendung nur vorherigen Bedenkens und Erwägens, als er, wohl wissend, wo nun der wahre Reichtum sei, aufstand und sich mitten unter das arme Volk begab, als sei er selbst ein Bettler, Hungernder und ganz Geringer nur. Und die ihn kannten, nahmen ihn, sich des nicht allzusehr verwundernd, gerne auf. Und da geschah es, was ihn also tief bewegte, daß Tränen niederfielen aus den glückbewegten Augen glückerregter Seele, daß die heilige Jungfrau, ihn erkennend, sich seinetwegen wandte und umkehrte, ihm das Kind in seine Arme legte und ihm, selber von Rosen ganz bekränzt, so nahe war, daß ihm die roten Blüten vor den Augen hingen und daß es ihm von ihnen her wie Klingen war. Umklungen wie von sel'gen Melodien schien des Himmels Wunder selig über ihm geschlossen.

Und war es nur ein Traum —: er hatte der Armen tiefstes Heilsverlangen, ihre Nähe allem Himmlischen und Seligen erkannt. Und es war durch ihn geschehen, daß ein Reicher selbst die Armut und in ihr den größeren Reichtum fand. Und seines Gelds und Gutes wurden alle, die ihn suchten und die er selber suchend fand — seiner Gaben wurden, das ist in vielen hundert Jahren nicht vergessen worden, viele froh.

So geschah es, daß der Reiche zu seiner Güte auch die Demut lernte: .. als ihm das Christkind selber in den Arm gegeben war, und als die heilige Jungfrau ihn krönte mit der weißen Hand, wohl wissend und bedenkend, daß es einem Reichen um so schwerer sein muß, arm zu werden ... arm ... und darin dann unendlich selig reich! Es wird von ihm erzählt, daß in seiner Todesstunde die Jungfrau wirklich zu ihm herabgekommen sei... und daß er mit einem seligen Lächeln verschieden wäre... an einem heiligen Abend, als die Glocken des Münsters wieder einmal für die heil'ge Christnacht läuteten. (Niederrhein)

Jan Frithoff

Eine Zeit lang war es in der Gegend von Krußstammhecken, einer alten Grenzbezeichnung in Bruckhausen bei Dinslaken, nicht geheuer. Wenn man zur Mitternachtsstunde an dieser Stelle vorüberging, hörte man ein deutliches Stöhnen und Ächzen. Niemand konnte begreifen, was das zu bedeuten hatte, und ängstlich wurde die Stelle von jedermann gemieden. Es war aber niemand anders als der böse, alte Frithoff, der seinem Nachbar alljährlich von seinem Acker ein paar Furchen abgepflügt hatte. Als er plötzlich starb — er fiel „inne Höll" — konnte er im Grabe keine Ruhe finden. Jede Nacht mußte er den Weg vom Hünxer Kirchhof durch die „Stollbeek" zum Bruckhauser Feld machen. Hier plagte er sich mit einem schweren, eisernen Pflug, den er immer hin und her über den Acker schleifen mußte. Punkt ein Uhr war er plötzlich verschwunden. Das wiederholte sich jede Nacht, bis er endlich erlöst wurde. Eines Nachts erschien eine weißgekleidete Jungfrau, die mit silbernem Pflug die gestohlenen Furchen wieder zurückpflügte. Seitdem fand er Ruhe, und der Spuk war verschwunden.

(bei Dinslaken)

Der rote Fleck im Acker

Kurz nach der Zeit, als der Teufel davongelaufen war, wohnte auf den Testerbergen ein Riese. Die Menschen fürchteten ihn sehr. Aber seine rauhe Schale barg einen weichen Kern. Sein Herz war in Liebe entbrannt zum Riesenfräulein aus der Raesfelder Gegend. Allabendlich um die Schlummerstunde gaben sie sich an der Lippe ein Stelldichein. Mit seinem Einbaum ruderte der Riese über das Wasser und holte sein Lieb herüber. Die dicken Buchen in Gartrop haben manch Liebeswort von ihnen gehört, und sie waren glücklich, allabendlich eine Stunde beisammen zu sein. Nun kam es aber auch vor, daß das Riesenfräulein manchmal lange am Ufer warten mußte, bis ihr Geliebter sie herüberholte. Dann kamen ihr leicht die Tränen, die liefen in die Lippe, und das Wasser schwoll und trat über die Ufer. Endlich kam ihr ein rettender Gedanke. Sie wollte die Lippe zuwerfen — einen Damm bauen und darüber gehen. Am andern Abend brachte sie ihre ganze Schürze voll roter Erde mit. In ihrem Eifer stolperte sie über einen Stein, die Schürze riß, und der ganze Sand lag auf der Erde. Weinend kauerte sie nieder, um den Sand wieder zusammen zu raffen. Da kam aber schon der Riese, der das Weinen bis auf der anderen Lippeseite gehört hatte. Er tröstete die Unglückliche und nahm sie als sein Weib mit in sein Reich. Nun war die Brücke nicht mehr nötig, aber der Sand ist inmitten des braunen Ackers zu sehen bis auf den heutigen Tag. (Hünxe)

Das Grab

Es war in den Tagen der deutschen Revolution, da die rote Armee kämpfend und plündernd durch die stille Heimat zog, da sonst nur Arbeit und Tagewerk und ein Glockenläuten war, am Sonntag und im stillen Abend, und da nun aus den Wäldern die Gewehre knallten und vom Kirchturm ein Maschinengewehr rasselte... und da auch bei dem Kampf gegen die Truppen der Regierung das Massengrab gegraben wurde, auf dem das Kreuz noch steht: „Hier ruhen 60 Kämpfer der roten Armee". Es war so gewesen: Die Roten, wie man sie kurzweg nannte, waren zurückgeschlagen worden, eiligst geflohen durch das letzte Dorf am Fluß bis jenseits, da sie sich gleich am Ufer eingegraben hatten, um den Vormarsch der Regierungstruppen über den Fluß und weiterhin in die Industriebezirke aufzuhalten, was ihnen aber nicht gelingen konnte: 60 wurden im Dorf oder am Ufer des Flusses erschossen und hiernach begraben in dem einen Grab, das nun mit seinem schlichten Kreuz ein Erinnerungszeichen geworden ist und zugleich eine Warnung für alle, die mit Feuer und Schwert versuchen, den Frieden und die Ordnung des Landes zu stören... Das Grab aber liegt gleich am Weg in der Wiese, dicht am Fluß, gegenüber dem kleinen Dorf, von dem aus die Fähre hin- und herüber fährt. Und nicht weit vom Kreuz an der andern Seite des Weges hängt an einem Pfahl die Fährglocke. Man könnte sie, wie sie da unter dem kleinen Dach vor dem einfachen Balken hängt, (nur, daß die Figur des gekreuzigten Heilands fehlt), für eine Betstelle halten, sonderlich in den halbdunklen Nächten, da die Nebel vom Fluß zu den Ufern steigen, — und es ist manchem schaurig, vorüberzugehen oder zu warten, bis der Fährmann kommt, schaurig auch in kalter Winternacht des Heidesturms, da die Glocke zuweilen mit einem Ton erklingt, wie von unsichtbarer Hand geläutet.

Aber es war in den späten Stunden eines Sommerabends. Im Sommer sind die stummen Nächte, da kaum ein Vogel mehr singt; das Dorf lag in stiller Ruh, wie zugedeckt von Nacht und Müdigkeit. Noch hing die Schwüle des Tages in den dunklen Bäumen und lag bedrückend über der nächtlichen Landschaft, die sich fern, sehr weit, hinter der Hügelkette, wo die dunklen Wolken am Horizont lagerten (während diesseits der Mond noch schien) sich in gelegentlichem Zucken des Wetterleuchtens eines fernen Gewitters erhellte. Es war wie verwandelte Welt, dies in der eigentümlichen Stimmung wie veränderte Licht des Mondes — und so geschah es, daß aus dem dunklen Grab die Toten aufstanden, ohne Laut sich wie schwebend auf die Pfosten der Weide am Weg oder des Grabzauns setzend — alle sechzig Tote — und aus ihrem leisen Murmeln ward ein Weinen und aus dem Weinen, eintönig, grauenhaft und schauernd das Totenlied der unbekannten und verlassenen Seelen.

Es begab sich nun, daß zwei Menschen, Mann und Weib, des Weges kamen. Mit heller und erregter Stimme erzählte der Mann von den erlebten schweren Tagen, da man auch ihn verhaftet und zum Verhör ins nächste Dorf geschleppt hatte, aus dem sie jetzt kamen, um hinüber zurück in ihr Haus zu gehen. Weshalb er angeklagt gewesen war, Maschinengewehre in seinem Haus stehen gehabt zu haben, hatte sich als unwahr erwiesen. „Ich weiß heute nichts mehr von dem, was ich im Einzelnen empfand, als ich unser Haus von hier aus wiedersah..." Er sprach immerzu, indem sie nur mechanisch neben ihm ging. „Mich schaudert" — und er fühlte, wie sie erzitterte an seinem Arm. Und als der Fährmann sie hinüberfuhr, stand sie, den Blick geradeaus gerichtet, indem sie sich fürchtete zurückzuschauen, da immerfort das schaurige Totenlied in ihren Ohren sang und immer das Bild in ihrer Seele stand: Die Toten auf den Balken und den Pfählen sitzend, die Köpfe in die Hände gestützt und weinend, so wehmutsvoll verlassen, so dumpf und traurig dunkel, daß alle Einsamkeit der Grabesnacht in ihrem

Weinen sang. Sie schauderte und krampfte sich an ihren Mann: „Die Toten! Ich sehe immer die Toten um uns..." Aber ob auch ihr Mann sie lächelnd zu trösten versuchte, sie sah die Toten mit hinüberfahren, weinend sich zerstreuen überall hin, im Dorf und in der Nachbarschaft, überall, wo ihrer einer in dem Gefecht gefallen war. Und auch nach Stunden noch, da sie im Bette lag, hörte sie das Weinen allerorts im Dorf zerstreut wie von allen Seiten her um ihr eignes Haus, und wie das Haus belagernd stieg die Welle des Weinens hoch bis ans Fenster, so daß sie Worte hörte zwischendurch, Worte eines des Kleinsten wohl und Jüngsten auch: „Er hat uns mit List gefangen. Als wir ihn verhaftet haben, hat er gesagt, daß er unsere Meinung und jedes Menschen ehrliche Meinung achte... da bin ich auf mich selbst ganz stolz geworden und bin dageblieben; sonst wäre ich, da ich an mir selber und unserer Sache zweifelte, noch an dem Tag nach Haus gegangen..." Und das Weinen schwoll stärker an: „Er ist schuld, hat uns betrogen, wir wären alle heimgegangen, hätte er uns nicht mit List gehalten...." und Stimmen wurden deutlicher, sie riefen einen, den sie den Langen nannten: „Du hast ihn verhaftet.... rauf, hol ihn noch mal, wir nehmen ihn mit hinab in unser Grab...". Und sie, die also in der Kammer lag, hörte die Haustür, Schritte auf der Treppe, lag in zitternder Angst, als die Türklinke sich bewegte, schnellte auf mit einem klirrenden Schrei, der ihren Mann erweckte — und so saßen sie beide in ihren Betten, als das Mondlicht zwischen den Wolken blinzelte und der Mann, ohne von dem Traum seiner Frau noch zu wissen, wie aus andrer Welt, wie ungeheuer fernher die Worte sprach: „Du, der Lange, der mich damals holte, liegt auch da im Grab." Und im gleichen Augenblick huschte der Schatten von einer großen Gestalt durch das Fenster her über die Bettdecke und die Wand.

Und da sie immer noch ohne Laut in ihren Betten saßen, schaltete der Mann das Licht an und sah, daß ihr Gesicht wie aus toter Versteinerung langsam lebendig wurde, als sie sprach: „Mir ist, als hätte ich tief und schwer geträumt. Als wir auf der Fähre waren, meinte ich die Toten zu sehen und ihr Murmeln ringsumher zu hören. Und nun... .der Schatten." — „Der Schatten" wiederholte er und dachte wohl, zu sagen, daß es eine Wolke war, vermochte es aber nicht. „Ich habe auch geträumt," und ihre Hand nehmend sagte er: „Es ist gut, daß diese Tage nun vorüber sind." — Inzwischen aber war das Gewitter näher gekommen, der Mond ward von der Wolkennacht verdunkelt, die Blitze grellten, die Donner rollten durch das Flußtal hin — sie lagen eine Stunde wach, nicht ohne das große Schauspiel zu bewundern, bis mit einem erlösenden sanften Regen die Spannung in der großen Natur vorüber war. Und als sie nach tiefem Schlaf erwachten, lag die Landschaft im dampfenden Morgennebel, die Sonne schien, alles beglänzend, in den Frieden der Welt, über die aus kühlender Feuchte erwachten Wiesen und Büsche. Aus dem Dorf erklangen die Stimmen froher Menschen, die ihre Arbeit begonnen hatten. Die Kühe brummten behaglich von der Weide her, und der Fährmann fuhr hinüber und herüber, und Menschen gingen vorbei an dem großen Grab am Fluß und Weg an der Weide, auf der Kühe grasen und zuweilen wie aus blinden Augen nach dem weißen Kreuz hinschauen, darunter die Toten liegen, arme, blinde Seelen, die in Nächten weinen, weil sie so jammerelendsvoll verlassen sind.

(Crudenburg a. d. Lippe)

Der starke Pferdestricker

Zu Seite 84

Dat Dikmånneken

Bej en groot Üddagshoogwater fuur den Dikgrääv Görd Wardmann möd sin Aak langks den Wenterdik on foon en klain Twargmänneken medden in't Water op Welgenstomp te setten. Dat Männeken bedden öm Hölp üt de Nood on versprook hogen Loon derför: „Eck sall er ömmer öwer vaken, dat gän Mens of Dier den Dik beschaajt, seedatden niemools onverwacht döörbräken kann, äwer douw dörws door nömmes wat van vertellen." Gööörd woor et tefrejn on noom den Twarg mäd aan Land. Van di Tid aan woren alle Gören, Schorrmüüs on andere Diren, die sös wal gefóórlecke Löcker wulen, van den Dik verschwonen, et Ward op on dad, döör den Towersägen van et Twargmänneken verdrewen.

As Gööörd old gewodden was, dröckden et öm op et Geweten, dat hej mäd son Düwelskroom te duun had, on haj geng hän alles aan di Papen te dichten. Di hadden nouw neks illeger te duun, as mäd Wejwater den Dik van den Tower lostemaken, graad as weer Üddagshoogwater aantrock. Et düren nit lang, du koomen di Gööören en Genoten van kot on wid tepaargeloopen on wuulden in den Dik schlemmer as wal ens. Den Twarg had sech diip ondern Dik en Hus ütgeschach; nouw gehören et bold, dat döör en nej Görenlock van't wassende Water en betjen herinfloot, on dänn ömmer meer. Du marken den Twarg, dat Görd alles verrojen mos häbben. Mäd Muit on Nood rädden heij sin Sakes herüt op et hoog, dänn stiit haij et nachs voll Gef en Stook in dat Görenlock, soadat ömmer meer Water döörfloot, bös aan't end den Dik brook, graad vör den Wardshof, on en dipe Wooj wüs vandaag den Pläck, woor den Hof ens gestoon häät.

(um Walsum)

Dat göldene Spennrad

In't Barmingholtse Bruuk wonden in verlejen Tijen en Waterhäx in en dipe Kolk; die woor so schön, dat en Twargmänneken, denn öör äns inne Moondschin gesiin had, öör nit meer vergäten kos. Mar di Waterfrauw woll et eers neks van öm weten, ömdat haij son läik ütsech had. Dat Twargmänneken äwel had vööl Gold on Selwer on booj öör en groten Deel dervan, wanneer sej öm liivhäbben woll. Eenmol woor haij weer aan den Kolk on bälen öör aan. Du wönssen sej sech van öm en gölden Spennrad. Illeg geng haij noor den Loobarg, woor onder die Wottelen van en olde krommen Eikenboom en Gangk diip inne Grond geng nor sin Hus. Hiir schmejen häj en gölden Spennrad. Met det fäärdige Wonderwark koom häj terög no den Häxenkolk on brochten sinne Aangebaijden dat kostboor Geschenk, verlangden äwer, dat sej öm doorför en Kösken gäwen soll. Die Waterfrauw kom ok aan't Schoor on ömarmden dat Twargmänneken, as of sej öm liivnämen woll. Du äwer duckden sej öm diip in't Water ronder, bös haij verdronken woor. Laterwards satt sej sech döcker et omes mäd dat heerlecke Spennrad op en groot Waterkannenblad, wanneer de Sonn ondergeng, on sponn sijjen Gaarn beij den Fleggerschin van Twoollechskes, di öm öör ronddanzden.

En schönen Sommerdag woor den Jongkheer Därk van Roläär op den Häxenkolk op di Änenjag gegoon on woor bej dat schwule Wäer in sin Aak ingeschlopen. As et donkel koom, wodden haij weer wackereg on soog di Waterfrauw achter en Welgenboom bej öör Spennrad setten. Fottens woor haij in öör verliivd on rujden noor öör hän. Sej äwer had öm vörhäär al inne Schloop bekeken, on haij had öör guud gefallen. Et düren nit lang, on di twee wodden en Paar.

Die Waterfrauw kreeg en nätten Menssenson, Aarnd, den sin Vader mäd noor Roläär noom on door oppfujden as sin Noorfolger on Arwen.

As den Häxenson achtin Joor old woor, wodden Därk van Roläär krank on storv. Jongkheer Aarnd liit Heel on Al as andere Menssen ok, nömmes kos sin kwoje Afkonft vermujen.

In en Burenhof kot bej wonden en tängere Deern, Anneken to Barming. Die gefiel Jongkheer Aarnd soo guud, dat haij öör gäarn trauwen woll, mar öre Vader woll necks dervan weten, dat en Burendochter en vöörnämen Heer trauwen soll. Aarnd äwer liit nit noor, on aan't End seg den olden to Barming: „Eck gääv ouw os Anneken nit eer, as gej öör en gölden Spennrad för de Ütstüür brängt!" Haij dach, dat wöör en önmögeleck Dengk. Jongkheer Aarnd äwer geng noor den Häxenkolk on kreeg van sin Moder dat göldene Spennrad van't Twargmänneken. Det broch haij Anneken, on nouw mos to Barming wal Joo on Amen säggen, on et wodden en grote Hochtid gefiird.

Eer di Frejerej van Aarnd begos, woor Anneken mäd den riken Norwerssohn Jan Scholten-Hamm gegoon. Den barsten nouw bold van frock on bedach, wu haij sinne Näwenbuler wat aanduun kös. Nouw geet noch vandag en Gangk onder de Äärd van Denslaken öwer Roläär an den Hammsen Hof noor et Kasteel van Holten. As Jongkheer Aarnd eenen Dag ütgegoon woor, steen Jan in den Gangk on koom dorrdöör in den Kälder van Roläär. Hier foon haij Anneken in en Kamer alleen achter öör Spennrad setten te spennen. Et eers woor sej böös, dat haij gekommen woor, mar dänn koom di olde Livde weer te bowen; doch bedden sej öm, deger nit noch äns te kommen, omdet döör sös Onglöck ut gebören kös. All di Tid bleev sej in ören Huck achter dat Wonderwark setten, on Jan wogen nit, öör en Kösken te nämen, haij hat en Schouw vör dat göldene Dengk, dat öm sin Brut genommen. En twädde Kiir äwer foon haij Anneken bowen op den Wachtoorn on nouw noom haij öör liiv as sös. As Anneken weer in öre Kamer ging, zoog sej en donkelen Fläck op den göldenen Spennboom, den sej mäd gän Putzen ov Schuren wägbrängen kos. Tu den eersten Fläck koom jedeskiir en nejen, wanneer Jan öör weer besoch had, bös et drej woren.

Aarnd koom di Saak gehaimsenneg vör on haij gong noor den Häxenkolk, sin Moder te frogen, wat dat bedüjen soll. Di Waterfrauw vertool öm alles, wat gebóörd woor. Bleek van Wuud liip Aarnd noor den Hammssen Hof, on bold floog door den rojen Haan op et Dack. Mar Jan woor nit te fennen: haij woor weer bej Anneken. Dat Onglöck woll, dat haij ondern inne Kälder van Roläär en brannende Käärts hed stoon loten, di fül öm, on bold stoon alles in Flammen. As Aarnd van wijen den Füürschin soog, liip heih om te rädden, wat de rädden. Di beiden Livsen hadden nouw ok den Brand gemark. Anneken koom noch ävkes noor buten. Jan äwer versteckden sech ondern, as haij dóör den Kälder noor Hus goon woll. Du fül Anneken dat kostboor Spennrad in, on sej liip in dat brannende Hus, graad as Aarnd aankomm; haij sprong öör noor, öm öör terög te riten, du äwer brook Dak on Fak tesamen on begruuv alles onder sech: Schold on Onräch, Frock on Livde.

As dat Füür iitgeglöyd had, koom et nachs die Waterfrauw öör Spennrad te süken; sej foon et onder en Assenhoop noch heel on ganz, mar di Fläcken woren in de Glud vergoon. Sej noom et weer mäd norr ören Kolk on door sett sej noch männegmool bej Moondschin on spennt öör sijjen Gaarn.

(um Walsum)

Dat göldene Kesfaat

In de Rechtong van di drei Kärkentöörn van Rhinbark, Budbarg on Ossauw let op de Olderoojhse Haij baij den Kewitsbarg en Haidenkööneg in en gölden Kesfat begrawen mät en groten Goldschatt van Rengen on Bääkers. All dat let düp ine Grond onder groote schwaare Steen verborgen. Nömmes kann vanselws die Ställ feenen, awel alle twälf Joar inne Johannisnach steet den Ingang los. Mar op dat vööle Gold let en schlemmen Fluuk. Wän inne Johannisnach dat Graf fendt on nämp sech wat van den Schatt, den fendt den Utwäg noar buten nit meer on mot elendeg ömkommen. Soo söllen doar onden hooge Hööp van Knöök on Gerebben herömleggen, all van Mennsen, die van dat Gold häbben wellen näämen. Heel arme Lüj, di onverschöld int Onglöck gekommen send, di dörwen sich wat näämen, mar bloos een Stöck. Den Oojmann vanne Nardhof, dän bejt Hoogwater vööl Veej versoopen woar, foon ok äs dat Köönigsgraf los stoon. Haij geng herin, noom sech ne göldene Bääker on woll et doarmet tefreejen noar Hus goan, äwel ant End kreeg haij Los, noch meer te näämen. Groad as haij en twädden göldene Kesfaat soog, en Stemm rüp herüt:

„Därk, Därk, lot stoon! lot stoon!
Sös kas dauw nit meer noar buten goon!"

Därk Orjmann liit van Schreck den twädden Bääker leggen. Dat woar sin Glöck, sos wör den Fluuk ok an öm woar gewodden, on haij had bej all dat Gold doar onden verschmachten mödden. Soo äwer koom haij dervan on kos för den eenen Bääker soovööl Gäld lööſen, dat haij üt alle Nood herüt woar.

(um Walsum)

Dom's Mööj

In de olle Schwann, en Wärtshus aan de Landstroot van Wesel noar Düsbarg on Möllem, sin in verleejen Joaren vööl kwooje Dengen gehöört. Di Wärtslüj, Son on Schweegerdochter van Dom's Mööj, söllen en Rieg van Frömden, di bej öör häbben wellen öwernachten on vööl Gald bej sech hadden, inne Schlööp dootgemak on verschorrt häbben. En Fuurmann, dän mät en Kabbeskaar noar Möllem woll, öm doar et Gäld vör en Landkoop afteleweren, woll ok inne Schwann öwernachten, war nömmes hääẗ öm lewend weer gesien. Et wodden vertält, dat di Möarders dän Fuurmann utgeplöndert on inne Backoovent verbrannd hädden. Die olle Dom's Mööj awer woll ant End nit meer mätdunn on drööjden öre Kender mät et Gerech, wanner sej nit ok van öör lölk Handwark aflieten. Nouw woar et mät öör sälws gedoon, di aigenen Kender schlugen öör ächterrögs doot on brochten di Lik in Nach on Nawel inne Scholtenbos bej Walhsen on daijen se doar in en Sandkul verschorren. Mar di Hoar van Dom's Mööj wassen ütte Grond herut — ond so koom alles ant Lech, on di Möarders wodden geköpp. Alle Joar in di Moordsnacht kömp Dom's Mööj vanne Scholtenbos noar de olle Schwann gegoon, stieg doar inne Kälder on sük doar di Gerebben van gemoardte Raisenders, di doar vergrawen woaren. Oemdat sej neks feenen kann, geet sej weer terög, öm in't andere Joar inne Moardnacht nijen te süken. Dän verbrannden Fuurmann kos ok en Tit lang int Graw gen Ruh feenen, on män hääẗ öm döcker gesien, wu haij et nachs mät brannende Kleer öm dat Backhuus gong, ömdat haij gän Doojenkleed had gekreegen.

(Aldenrade)

Dollenhannes

Er hatte sich ein Haus gebaut am Kolk, nachdem er zwanzig Jahre bei dem Bauer gedient, und er hatte sich ein Weib genommen, eine Magd. Und ob der Bauer ihm tausendmal davon abriet, was Dollenhannes eben wollte, das wollte er...

Die Leute schüttelten überhaupt die Köpfe: Dollenhannes ein Haus, der sowieso nicht richtig ist, der in den Wind horcht, weil er Stimmen hört, der den Hut abnimmt, wenn keiner ihm begegnet, und der die Geschichten weiß und all die tollsten Dinge glaubt, daß dem Pferdejungen, dem er sie erzählt, so davor gruselt, daß dessen Vater ihn zu einem andern Bauer bringt.

Dollenhannes aber hat sein Haus gebaut, und zwei Kinder hat er, und morgens rappeln die Eimer drüben an dem Kolk, wo auch Hafer wächst, wo im Garten Kohl gedeiht und Erbsen an den Reisern, Bohnen an den Stangen hängen. Aber Dollenhannes hat sein Weib erschlagen, als es zum zweiten Mal mit Schnapsgeruch aus der Stadt vom Markte kam, erschlagen einfach mit einem Pfahl am Weg und dann liegen lassen. Auch die Tote ließ er nicht mehr in sein Haus, das Spritzenhaus wäre für sie gut genug. Er ist dann ins Gefängnis gekommen, und als er heimkam, hatte seine Tochter ein Kind von ihrem Bruder, sie war in den Kolk gegangen, und er saß im Zuchthaus... niemand fragte, wo.

So wartete Dollenhannes auf sein Ende. Warum sollte er das Dach ausbessern? Regnete es durch, dann zog er um in eine andere Stube. Warum sollte er das Feld bebauen? Was er brauchte, zog er im Garten reichlich. Und er brauchte wenig. Er war so mager, daß er sicher nicht mehr lange leben konnte. Abends lag er auf der Bank und wartete auf die Geister. Im Haus ließ er die Fenster auf und redete immerfort mit den Spukgestalten, als wenn er ihres Wesens wäre. In Stunden brüllte er wie ein Tier weit über die Heide hin. Und einmal, als die Kinder in die Nähe kamen, sang er Gesangbuchlieder aus der Kinderzeit. Dann aber starb er. „Dollenhannes es dot" — sagen die Kinder, denen die Alten tolle Geschichten erzählen vom Kolk, wo sein Haus steht, vom Mann ohne Kopf, der da schon seit undenklichen Zeiten umherläuft, um zwölf Uhr abends in den Vollmondnächten. Und immer noch läuft der schwarze Hund mit den glühenden Augen durch die Nacht.

Es ist kein Weg mehr zu dem grauen Haus am Ende der Heide, da wo das schwarze Moor und dann der Horizont, das große Nichts ist, und so weiß auch niemand, daß im einsamen und verfallenen Haus, da wo einst die Kinderkammer war, ein Heimgekehrter... fault, daß schon die weißen Knochen aus dem Leib hervorsehen, da, wo die schwarzen Raben schon das verweste Fleisch abgefressen haben.

(rechter Niederrhein)

Die Zöpfe von Ruhrort

Es war zu allen Zeiten und ist auch noch heute so, daß die Schützenfeste am Niederrhein mit recht lauter, jubelnder Freude, aber auch manchmal mit ein wenig Zank und Streit gefeiert werden. Und so war es einmal in Ruhrort, dem damals kleinen Städtchen an der Ruhr. Das Geschehen einer Nacht in längst vergangener Zeit ist bis heute noch nicht ganz in der Erinnerung geschwunden, wie folgende kleine Geschichte zeigen kann.

Die Ruhrorter Junggesellen hatten ihre Duisburger Freunde eingeladen, und es ging recht lustig her mit Wort und Spiel. Aber wie es denn so ist: wenn der Wein die Gemüter erhitzt, werden die Münder übermütig. Und schließlich war es hier wie überall, daß der eine dieses und jenes vor seinen Nachbarn voraushaben wollte; aus Scherz wurde Ernst, und zuletzt entschieden die Fäuste über Recht und Unrecht — und weil die Duisburger stärker waren als ihre Gastgeber, trieben sie sie recht ins Gedränge, daß sie in ihre Häuser flüchten mußten. Da sie auch ein Zeichen ihres Sieges wünschten, schnitten sie ihnen die langen Zöpfe ab, die sie dann an der Stadtpumpe angenagelt haben.

Noch heute soll es so sein, daß die Ruhrorter Vereine bei ihren Festen mit Musik und Fahnen dreimal um die alte Pumpe ziehen.

(Ruhrort)

Die Witwe und die Maßkrüge

In der kaiserlichen Stadt Duisburg braute und schenkte eine Witwe ihr Bier. Da brach eine Feuersbrunst aus und bedrohte auch ihr Haus. Als nun die Wirtin keine menschliche Hilfe sah, nahm sie ihre Zuflucht zu Gott. Sie stellte alle ihre Maßkrüge, aus denen sie ihre Gäste zu bedienen pflegte, auf die Schwelle der Haustür den Flammen entgegen und betete in ihres Herzens Einfalt: „Gerechter und barmherziger Gott, habe ich jemals schlecht zugemessen, so mag mein Haus verbrennen. Habe ich jedoch recht getan in deinen Augen, so bitte ich bei deiner Gerechtigkeit: sieh gnädig auf diese meine Not und verschone mich und meine Habe.“

Wunderbar war der Glaube dieser Frau, wunderbar die Mildherzigkeit Gottes, der gesagt hat: „Mit welcherlei Maß ihr messet, wird euch gemessen werden.“ Und als wenn ihn das Gebet der Witwe bestimmt hätte, scheuchte er die Flammen, die alles ringsum verzehrten, von ihrem Hause.

(Duisburg)

Der starke Pferdestricker

Siehe Bild auf Seite 73

Den starken Bernhard nannten die Leute ihn, und der alte Urgroßvater mit dem weißen Bart hat ihn noch gekannt. „Pferdestricker"? sagen die Kinder? „Hat er denn Pferde gestrickt?" und der Großvater lachte. Gestrickt hat er sie nicht, aber bestrickt oder noch besser verstrickt. Ja, die Kinder wunderten sich, als der Großvater von den wilden Pferden sprach. „Die sind in Rußland heute noch," sagte er, „aber vor hundert Jahren waren noch wilde Pferde hier am Niederrhein." Und er erzählte, wie schwer es war, sie zu fangen. Da half es nichts, wenn man rief: Hü Max, Flora hopp ... die waren wild und jagten nur so durch die Heide oder durch den Wald über die Sträucher hin ... und wenn sie einen Menschen sahen, dann liefen sie weg, so, daß keiner sie einholen konnte.

Der Pferdefänger oder Pferdestricker setzte sich auf einen Baum. Er hatte eine lange Schlinge bei sich, die er mit dem andern Ende um den Baum wand. Wenn dann ein Pferd vorbeikam, warf er ihm die Schlinge um den Kopf, und dann war es gefangen und wurde gezähmt.

Und da war nun der starke Bernhard, der sich den Strick um den eigenen Leib wand und dachte, selber genug Kraft zu haben.

Er halte das Pferd schon alleine feste, das wollte er doch mal sehen! Aber der da in seine Schlinge ging, war ein starker Hengst, der stärkste, der im ganzen Walde war. Und als er die Schlinge um den Kopf hatte, da gings aber: Durch die Sträucher und die Dornen und über die Wiese und hinein in den Fluß, hindurch, auf der anderen Seite weiter in den Wald hinein .... Und Bernhard immer mit. Als wenn der Teufel in dem Tier gewesen wäre, so raste es dahin. Und als wenn der Teufel in dem starken Bernhard gewesen wäre, so hielt er es fest: „Es soll gelten", sagte er: „Leben oder Tod!" Und es ging wirklich auf Leben und Tod ... und wer sie hätte sehen können in dem wilden Rasen, der hätte denken müssen: Sie gehen alle beide drauf, aber Bernhard bestimmt zuerst. Denn ... wer kann so laufen wie ein verrückt gewordener Hengst? Und also wurde Bernhard geschleppt, bis er fast keinen Fetzen mehr am Leibe hatte. Und da — in der letzten Not — kam ihm die Rettung: Im Sausen kommen sie an einem Baum vorbei, das Pferd stolpert ein wenig, und blitzschnell wirft Bernhard die Schlinge um den starken Stamm, so daß der Hengst bald das Genick gebrochen hätte. Bernhard hielt fest, wie das Pferd auch stampfte und schrie, hielt fest, bis sich die Schlinge so fest zuzog, daß dem Tier der Atem ausging und es niederfiel. Und als es sich erholt hatte, hatte es Zaum und Zügel um, und nach einem wilden Ritt durch die Heide — hei, wie stolz der ganz zerschundene Bernhard reiten konnte — ward es still und verträglich. Und dann kam das Schwerste: Bernhard mochte dies Pferd, das ihn bald an den Tod gebracht hatte, nicht abgeben, und der Fürst, dem der Wald gehörte, in dessen Dienst Bernhard stand, ließ es ihm. Und Bernhard hat das Tier lieb gehabt und wert gehalten wie einen Menschen — und war im ganzen Land auch kein Pferd wie Bernhards Hengst und war keiner so mutig und stark wie Bernhard selbst.

(Emscherbruch)

Der Hexenpoth

Es ist eine kleine Bucht in der Ruhr, von Bäumen und hängendem Geäst überdeckt, still und verschwiegen, in der das Wasser, weil es zu tief ist, kaum bewegt wird. Sein dunkler Spiegel ist meist glatt und ruhig, und geheimnisvoll und dunkel ist der Ort, dunkel und grausig manches Geschehen auch aus alter Zeit.

Hexenpoth heißt die Stelle heute noch, in ihm wurde die Probe für das Schuldig oder Unschuldig bei so mancher armen Frau, manchem, durch seine Schönheit die Guten gut, die Bösen böse bezaubernden Mädchen gemacht. Sie zogen dann zur Stadt hinaus, viel Volks, und selbst der Priester fehlte nicht, der aus einem alten Buche las und dessem Geleier die Umstehenden verhalten horchten, indes der Büttel das arme Wesen, das ins Wasser eingetaucht wurde, an einem Seile zappeln ließ. Die linke große Zehe wurde mit dem rechten Daumen und die rechte Zehe mit dem linken Daumen zusammengebunden — und seltsam: Wer untersank, war unschuldig, und wen der Henker über Wasser hielt, ward als schuldig erkannt, sodaß immer die verurteilt wurden, die den Menschen unangenehm und verhängnisvoll werden konnten. Und nicht nur Mädchen oder Frauen ergriff man so: Da war unter vielen Männern, die der andern Neid erregten, der „Hexenmeister“

Der Hexenpoth

Zu Seite 86

Buttermann: Einen Wagen voll Wein habe er in der Nacht mit sieben schwarzen Katzen, die er vorgespannt, den Steeler Berg hinaufgefahren, wofür man ihn ergriff und also wie die vielen andern in jener Bucht als schuldig erkannte und bestrafte. Ja, es waren wirklich wenige, die aus dem Hexenpoth, ob schuldig oder nicht, frei hervorgingen; wenige, die nicht unter fürchterlichen Qualen im Wasser starben.

Dies alles mögen die Wellen murmelnd erzählen, von der Grausamkeit der Menschen, von Tod und Teufel, von Liebesnot und falscher Liebessucht. Immer noch liegt der Hexenpoth dunkel unter den alten Bäumen, die auch jene fernen Zeiten miterlebten. Und selbst an hellsten Sommertagen verfinstert sich der Sonne Bild in seinem schwarzen Spiegel, wie sie sich verfinstert, und wenn sie noch so gütig scheint, in der bösen Menschen Seelen.

(an der Ruhr)

Die brennenden Steine

Es war ein Knabe, der im Feld die Kühe hütete. Und da es kühl war am herbstlichen Morgen, zündete er sich ein Feuer an. Es mag nicht weit von einem Steinbruch gewesen sein; es lagen der Steine, die er gegen den Wind um das Holz legen wollte, genug umher, Steine in allen Farben, und weil sie ihm am nächsten lagen oder vielleicht auch ihres schönen Glanzes wegen, nahm er sich die schwarzen herbei, die die Leute nicht beachteten, weil sie zum Häuserbauen nicht fest genug, ja so weich waren, daß man sie in der Hand zerbröckeln konnte.

Das Feuer brannte gut. Eigentlich war es wärmer, als er es sonst gewohnt war; so warm, daß er gar nicht sehr nahe herangehen durfte. Er mochte sich dies aber wohl mit der Kühle des herbstlichen Morgens erklären; jedenfalls ging er bald ohne besonderes Denken fort, um nach seiner Herde zu sehen, die recht weit verstreut in den Feldern und Weiden graste, so daß der Morgen hinging, bis er zurückkam und seines Feuers schon deshalb nicht mehr dachte, weil die Sonne (wie sie es in den späten Septembertagen, wenn die Spinnwebfäden über die Felder wehen, nicht selten tut), recht warm vom Himmel schien. Aber wie erstaunte er, als er das Feuer immer noch glühen sah. Hatte denn einer neues Holz aufgelegt? O, noch viel mehr erstaunte er, als er sah, daß gar nicht einmal das Holz mehr brannte, es war längst dahin und keine Spur mehr von ihm zu sehen.... als er sah, daß es die Steine waren, die rot von Glut soviel Hitze strahlten, daß das Gras ringsum versengt und die Erde heiß war wie ein Backofen.

Das hatte denn nun der Zufall den Jungen gelehrt: Die Steine brannten. Und das wußte er gleich, daß es die schwarzen Steine waren, die von den Leuten achtlos weggeworfen wurden... Und nachdem er ins Dorf gelaufen war und die Bauern selbst das Wunder gesehen und weitere Versuche mit den sonderbaren Steinen gemacht hatten, da verbreitete sich die Kunde schneller als man denken konnte durch die Heimat, ja, durch das ganze deutsche Land. Und bald war dort, wo der Junge kurz zuvor noch seine Herde hütete, eine Kohlenzeche, wie es deren hunderte in niederrheinischen Landen gibt, wie es dort und vor allem an den Hügeln der Ruhr auch noch Steinbrüche gibt, in denen zwischen den rötlichen Sandsteinen die schwarzen Kohlenstreifen deutlich zu sehen sind.

(an der Ruhr)

Der arme und der reiche Bauer

Der reiche Bauer hatte viele Schafe und der arme ein einziges nur, das, weil der kleine Kotten dem großen stattlichen Hof benachbart war, zuweilen auf die gute Weide des Reichen lief, die Gesellschaft der andern Tiere und zugleich das saftige Gras und die kräftigen Kräuter suchend. Der Reiche war harten Herzens und hatte eine geizige Seele. „Ich schlage das Biest tot, wenn ich es noch einmal auf meinem Hof sehe." Und bei der Drohung blieb es nicht: eines Abends fand der Arme das Tier tot am Zaun und trug es jammernd in sein Haus. Was sollte er tun? Er verzehrte mit den Seinen das, was zu verzehren war; das Fell aber hing er zum Trocknen auf, und als er einst spät noch in den Wald ging, um Holz zu sammeln, legte er es gegen die Kälte und den Regen über seine Schultern.

Er kam weiter in den Wald hinein, als er vorgehabt hatte. Und indem er auffsah, gewahrte er zu seinem Erschrecken ganz nahe vor sich einige Räuber vor ihrer Höhle, die aber, als er gerade in großer Angst umkehren wollte, schreiend davonliefen, wohl aus keinem andern Grunde, als daß sie in der sonderbaren Gestalt mit dem weißen Fell ein Gespenst zu erblicken glaubten. Das war nun sein Glück. Lachend ging er in ihre Höhle hinein, füllte sich die Taschen mit Gold, nahm eine Krone und viele Edelsteine mit, so daß er, der Holz suchen wollte, als der reichste Mann der Gegend nach Hause kam. „Wie hast du das gemacht?" war des reichen Bauern schnelle Frage. Und als ers ihm erzählte, erschlug der schnell seine zwölf Schafe, trug sie in den Wald, um sie ebenso gut wie der Arme, so dachte er, zu verkaufen. Die Räuber aber, die gerade wieder zurückgekehrt waren und ihr Gold vermißten, fragten nicht lange, sie stürzten auf den reichen Bauer los, nahmen ihm die Felle ab und schlugen ihn tot.

(Kettwig)

Thora

Es war in jenen fern vergangenen Tagen, da die Römer ins Land der Germanen eingedrungen waren, (an einem Frühlingsmorgen, als im heiligen Hain oben hoch auf der „Kanzel“ bei Kettwig an der Ruhr den Göttern zu Dank und Ehren ein Fest gefeiert wurde), daß plötzlich und ganz unerwartet Kriegslärm erschallte. Und schon ehe die starken Männer, die sich sorglos der Fröhlichkeit ergeben hatten, ihre Waffen fanden zu Wehr und Kampf, hatten die Feinde den heiligen Hain, in dem noch einige Paare, die die Priesterin zum Ehebund weihen wollte, zurückgeblieben waren, erobert und die beiden Edelsten des Stammes, Thora, aus göttlichem Geblüt und Arnulf, des Häuptlings Sigurd Sohn, gefangen. Es war zu spät: Die Germanen wichen zurück, es wurde Nacht und wieder Morgen.... und mit schwerem Ahnen begann der neue Tag, der neue Kampf, der siegend und doch mit großer Trauer enden sollte.

Arnulf, der starke Held, hatte die Stricke, die ihn banden, zernagt und die Seinen zu neuem Mut begeistert, galt es doch für ihn zugleich, sein eben angetrautes Weib, die herrliche Thora, zu befreien — und stärker klangen die Waffen, hallten die Stimmen der Verwegenen, so daß, als sich der Abend wieder rötete, die Siegeslieder schallten und die Römer, die nicht in Blut und Tod auf der Walstatt geblieben waren, so weit geflohen waren, daß sie vorerst nicht wiederkommen würden.

Als aber Arnulf, von allen hochgefeiert, aus allem lauten Wesen fortgegangen war, um sein Weib zu suchen, das er unter den andern befreiten Frauen wähnte, und unten am Fuß der Kanzel schritt, auf deren Höhe noch tags zuvor die schönste Frau sein Eigen geworden war, sah er, wie in Gras und Blumen eingebettet, einen Leichnam liegen: und erschreckend bis in seine tiefste Seele erkannte er sie, die er suchte, mit blutigem Haupt und sonst unversehrt. Und indem er niederkniete, um ihr geliebtes Antlitz vom Blut zu reinigen, brachten ihm die Freunde mit stillem Wort die Kunde:

Von den Römern bedrängt, war die Stolze bis vor den Abgrund geschritten. Lieber den Sturz in die Tiefe, als in die Hände der Feinde! Und nun war das Schicksal doppelt schwer: Von den Römern, die bereits über den heiligen Hain ins Tal hinausgegangen waren, war nichts mehr zu fürchten. Es war Arnulfs List gewesen, sie in die Schlucht zu locken, um sie sicherer zu schlagen — und da sie dies nicht wußte, in der Angst, daß alles verloren wäre, stürzte sie sich, die schon Befreite, sich ihrer Göttin ganz zu eigen gebend, in die Tiefe. Geflügelte Botinnen trugen sie leicht hinab, daß ihrem Leib kein Leid geschehe. Ihre Seele aber nahmen sie zu sich, hinauf nach Walhall — und so denn fand sie der Geliebte, fanden die Getreuen sie, die sie zum Lager brachten. Arnulf faßte ihre bleiche Hand und hielt die Totenwacht — und am andern Tage, als ringsum Stille war, flammte ein Holzstoß auf, wie er nie geschichtet ward, und das ganze Volk war um ihn her versammelt, als ihr königlicher Leib zu Asche verbrannte, die man im heiligen Hain, dort an der alten Opferstätte, wo noch vor hundert Jahren der Steintisch und die steinernen Bänke an jene ferne Zeit erinnerten, in die geweihte Erde legte.

(Kettwig)

Der heilige Ludgerus

Der Bischof Ludgerus wanderte die Ruhr entlang, um eine passende Stelle zur Gründung eines Klosters auszusuchen. Da kam er mit seinen Begleitern an einen Ort, welcher von hohen Bäumen und dichtem Gebüsch umgeben war. Der Platz schien ihm geeignet, und er ließ die Zelte zum Nachtlager aufschlagen. Am andern Morgen sollte begonnen werden, die Bäume zu fällen und den Platz zu reinigen. Den Arbeitern schien dies unmöglich, und sie redeten mit Ludgerus, daß er von seinem Plane ablasse. Der fromme Mann aber sprach: „Was den Menschen unmöglich ist, das ist Gott möglich.“ Es wurde Nacht, und alle legten sich zur Ruhe. Als Ludgerus glaubte, alle schliefen, erhob er sich still, ging aus dem Zelt heraus und entfernte sich ein wenig, um zu beten. Die Nacht war klar, Mond und Sterne leuchteten. Nachdem Ludgerus dreimal gebetet hatte, legte er sich schlafen. Alsbald verschwand die Heiterkeit des Himmels, der Mond verdunkelte sich, die Sterne wurden mit Wolken überzogen, und es erhob sich ein gewaltiger Sturm. Die alten Bäume stürzten ringsumher zu Boden. Als man sich in der Morgendämmerung erhob, war der Wald an mehreren Stellen gelichtet. Ludgerus forderte nun seine Leute auf, den Platz zu räumen. Die Baumstämme lieferten Holz zum Bau des Klosters.

Nach und nach wurden in der Nähe des Klosters Wohnungen erbaut, und es erstand die Stadt Werden.

(Werden)

Das krause Bäumchen

In alten Zeiten wohnte an der Ruhr ein rauhes, heidnisches Volk. Und rauh war auch die Landschaft, eine Wildnis mit Sümpfen und verworrenem Unkraut und Gestrüpp.

Da kam ein Mann aus der Ferne, trat auf die Höhe des Landes und schaute umher, und ihn jammerte des traurigen Anblicks. Er nannte sich Alfred oder Alfried, denn er sprach: „Ich möchte gern allen Menschen Frieden bringen." Also trat er zu den Bewohnern des Landes. Er war ernst und freundlich, und der Geist des Herrn war mit ihm.

Nun lehrte er sie die Sümpfe trocknen und das Gestrüpp ausroden und den Acker bauen und gab ihnen Korn zum Säen und pflanzte fruchttragende Bäume. Also wurde die Wildnis ein blühender, lieblicher Garten.

Als nun eines Tages das Völkchen auf der Anhöhe um Alfred versammelt war, da staunten sie über all die Schönheit des Landes und dessen liebliche Gestalt und Ordnung, und sie frohlockten und wollten Alfred anbeten und sprachen: „Du bist selbst der Gott, den du verkündigst! Du bist vom Himmel zu uns gekommen! Was sollen uns die stummen Götzen!" Da lächelte Alfred und sprach: „Wohl mögt ihr euch der Schönheit des Landes freuen; aber nun führte euch diese Freude zur Erkenntnis der Wahrheit. Und Alfred redete zu ihnen von Gott und Christus; und die ihn hörten, taten ihre Götzen von sich und glaubten.

Nach einiger Zeit kamen sie wieder zu Alfred und sprachen: „Du hast uns das Höchste und Beste gegeben; wie sollen wir dir danken?" Da sprach Alfred: „Danket dem, der mich zu euch gesandt hat!"

Als er gestorben war, weinten die Bewohner um ihn wie um ihren Vater und begruben ihn auf der Höhe des Landes, wo er zuerst die

Gegend beschaut hatte. Sie pflanzten auf sein Grab eine Linde, aus der „Das krause Bäumchen" erwuchs, das tausend Jahre grünte und blühte. Und als der Baum einging, wurde zum treuen Gedenken eine neue Linde gepflanzt. Aus dem Kloster, das Alfred gründete, ist später die Stadt Essen geworden.

(Essen)

Van Hexen on Wäewülwen

Dä Großmoder sot en'n Lehnstaul, on wi Kenner soten vö öe op't Fautbänksken. Dä Großmoder rappeln egal weg met dä grote Stricknodeln on leit ons spatteln. Wi trocken öe anne Schötte on fongen an de beddeln: „Großmoder, vätell!"

„Lochit mi en Rauh, Blagentüg, ik weet nicks," sagg dä Großmoder on stricken widder. Dät sagg sö ömmer. Wi nödigen on nödigen, büs sö frogen, wat sö dän vätellen soll. Do kom et wi ut eene Mule: „Großmoder, vätell ons van't Wäewülwen." On do leit sö dä Stricknodeln en Rauh, trock sik dä Schötte glatt on fong an:

„Ik wo ganz jong vähirodd. Eenes Omes, ät wo Wenterdag, än richtig väher Wäe wi vandage, ha mi dä Vader besoch on gong alleene ut'n Düppenberg no Dällefken. Ät wo nachs tüschen twölf on een. As hä kott vö sinen Hoff öwert Schemmken tradden woll, blew hä västutz stoen. Rechs on lenks achtert Schemmken sot än Wäewulf on foukeln öm met gläunige Ogen an. Dä Vader reip heemlich alle Hilligen öm Hölpe an, dann gaff hä sik än Ruck — on tradden hadd op dät Schemmken. Dä Wäewülwe retereeren ennige Faut on leiten öm düe. Awer kaum ha hä dän letzen Padd öwert Schemmken gesatt, do ha hä sö alle twee op'n Röggen sitten.

„Vädreit on Hagel jo...." knerschen dä Vader dörch dä Tänne. Hä zittern on biäwen an alle Gleddern. Angsschweet brok öm ut. Awer hä bett dä Tänne op eän on krö'iän met dä Wäewülwe büs op Halpmes Hoff. Onnerwegs ha hä sik öwerlagg, wi hä dä Diäs woll am bessen quiet wären könn. Hä mok dä Düe los, — et wo än Dubbeldüe, wi mä sö fröer nech anners kannt —, schockeln dä Önnerdüe tau — awer do hadd'n dä Wülwe öre Pranken al op dä Düe leggen. Dän grötssen van

dä beiden nom sik op on woll grad enne Deele setten, do stock öm dä Vader met sin Mess enne Pranke, dat dät roe Blaut herut leip.

Dät müchet enk godd merken, Kenner, wän än Wäewulw blodden, dann konn hä niks mä maken, dann wo et kän Wulw mä, dann wo et än Mensch. On do stonn nu än godden Bekannten vö dä Vader on wuß sik vö Schämmder nech dä loten. Hä wännen sik weg, ohne een Wöetken dä seggen. Dä Vader sagg ok nicks, trock dä Düe achter sik tau on gong ent Hus. Hä kom ganz västöet enne Kammer, wo dä Moder schleip, dä rechen sik op on biäwern öm entiägen: „Bue, wat süsse ut? Wat ess di passeät?"

„Moder", kümen hä noch ganz achter Om, „ik hef ät met Wäewülwe de daun gehadd. Eenen hew ik gekannt, hä eß hi ute Nowerschopp, awer spräk d'r nech dröwer." Siter Tied gong öm dän Wäewulw ut'n Wäg, so dückers hä öm sog. On wän hä bi'n Baas enne Wäetstowe sot, on dä Vader kom herenn, dann stonn hä fottens op on vätrock sik, ohne sinen Braukräeter ute drenken."

„Großmoder, do woren twee Wülwe, wo eß dänn annern geblewen?" frogen wi dä Großmoder taum honnersten Mol. On taum honnersten Mol sagg dä Großmoder: „Dän annern, dä eß weggelopen on hedd sik nech mä seien loten. — So, Kenner, nu lochet mi ok en Rauh." — On de Großmoder trock sik dä Schötte terech on fong wi met dä grote Stricknodeln an tä rappeln.

Än Ogenblicksken leiten wi öe ok en Rauh, weil wi met dä Wäewülwe noch genug dä dauen hadd'n. Awer ät duren nech lange, dann fongen wi wi an te queelen on zubbeln öe so lange anne Schötte heröm, büs sö widder vätallt:

„Dä Frau hedd'n Drütz, ik kef sö noch got gekannt. Öre Mann hedd'n Drickes. Ät wo op Oltjoe. Drütz on Drickes hadd'n bi Bekannten än betschen gefiät on woren op'n Wäg no Hus.

Dä Klocke op'n Borbeckschen Kerktoen schleig halef een.

Ät wo so niäwelig, da me känn Hand vö Ogen seien konn. —

Op eenmol sagg Drickes vö Drütz, hä mügg ganz nödig ute Buckscke, on weg wo hä.

Drütz woch on woch, hä kom nech.

Öt reip on reip, öt kreg kenn Antwort.

Soll hä sik välopen hewen en dän Niäwel, dach Drütz — on gong langsam widder. Öt konn nech mä wiet van Hus siän. Richtig, do rechen sik wat Schwattes en dän Niäwel op, dät wo öe Backhus.

„Gott se'i Low on Dank", sagg Drütz — awe do blew öm vö Schreck ät Hatte stoen. Än Wäewulw sprong öm entiägen met gläunige Ogen on oppene Schnute, schmett öm derdal on rett öm dä Plonnen vant Liew. Drütz schleig met Hänne on Beene öm sik on schreien Hölp on Brand. On as öm dät wille Diä sinen fiesen Om ent Gesich blosen, do wo öt flau, on wuß niks mä.

Öt kom eäß wi be'i, as öt newen Drickes ent Berre lag. Drickes schleip.

Hä ha dä Mule wiet on wagen losstoen wi än Schürendüe on schnorken, dät sik dä Balkes bogen.

Do sag Drütz tüschen dä geele Tänne van sinen Drickes roe, knallroe Fäme löchen, sölke Fäme, wi sö öm dän Wäewulw ut'n Önnerrock geretten ha.

Ganz västöet sprong Drütz op, leip enne Backkammer on soch on soch. On as öt onner Heesters västopp dät Wulwsfell gefonnen ha, do wuß öt Bescheed on foll öm.

Drütz wo dot.

Annen morges font öm Drickes enne Backkammer op dät Wulfsfell leggen. Hä vätallt alle Lö'i, Drütz wö op eemol splienig geworen on hädd sik expree väfreisen loten. Awer et wo doch so allerhand gemonkelt, on eenes godden Dages wo Drickes väschwonnen on het sik en diese Bueschopp nie mä seien loten.

Wi soten müskenstille op't Fautbänksken. Dä groten Stricknodeln rappeln wi lustig drop los.

Met taue Ogen sogen wi dä roe Fäme tüschen dä geele Tänne löchen, on ät duren ditmol lange, büs wi wi Maut kregen, dä Großmoder de queelen. Sö woll on woll nech.

Awer dä Queelgeester leiten on leiten nech no.

„Großmoder, bloß enn ganz enzig Stücksken noch vant Hexen, dann bruckse ons ok ganz on ganz sicher nicks mä te vätellen.“ —

On dä Großmoder vätallt widder. ——

Fröer wo dät nech so wi vandage, wo dä Löi sik fertige Hemder kopt, fröer moken dä Buuren dät Lienen sölwer. On wän et dann sowiet prot wo, dann muß et oppe Wiesche, do blew et weckenlang leggen, Dag on Nach, büß et richtig gebleik wo. On wän do nachs nech ömmer een biestonn, dann konn dät Lienen got gestohlen wären. On dät wo dann än hadden Schlag.

Op Halfmes Hoff brucken nömmes dä wachen. — —

Wän dä Sonne onnergegoen wo, dann gong dä Vader dreimol öm dät utgespannte Lienen heröm on besprock et. Dann konnen wi alle reuch no Berre goen opn Hoff. Kenn Deif kom an onse Lienen dran. Dä Wöre, dä dä Vader gesach ha, satten öm fasse.

Morges fröh bim eässen Hahnekrei wö dä Vader al wi op on keck no, af do ok een fasse soot. Dann mugg hä öm lossprächen. Wän öm dän eässen Sonnenstrohl packen, dann wo hä schwatt on much stärwen...

„Großmoder, wivöll hedd dä Vader denn fassegesatt“? onnerbrocken wi dä Vätellken.

„Nömmes“, sagg dä Großvader, „hedd hä fassegesatt. Ät wo genaug, dat dä Vader dät konn. Sowat spräk sik gau rond. Dä Deiwe hadden än schändligen Strank vö onse Vader; dän öwerall enne Nowerschopp wo gestohlen, bloß bi Halfmes nech.“ —

Dät do ons Kenner öntlich leed, dat dit Välellken so tam utleip, wi hännen so gäene geseien, dat Halfmes do wenigssens eenen faßgesatt hä on wän hä schwatt geworen wö. Awer dät wo nu mette Gewalt nech dä ännern. So dückers ons dä Großmoder ok dä Geschichte vätallt, dat sö öre Vader ennen fasse setten oder soga schwatt wären leit, dän Gefallen dee sö uns nu mol nech....

Onse Moder ha sik dit letze Stücksken met angehöet on sag fröndlich vö dä Großmoder: „Do hesse wi wat gemak, paß es op, van Omd kö wi sö nech ent Berre kriegen."

On so wo et ok.

As dän Omd kom, druchen wi ons enne Wäetstowe heröm on hollen ons ömmer kott bi Löi.

Eäß spannen wi ons achter Ome Düppenberg, dä dä Großmoder afhalen mugg, on as dä weg wo, achter Ome Beckermann ut Gasche. Dä holl sik gewönlich etwas länger. Awer as dä Ome enne Köcke gong, öm sik sin Köppken Koffee dä drenken, wi hä dät ömmer dee, eh hä no Hus gong, do konn ons kän Mensch mä helpen. Wi muchen no Berre.

Zettken schleip rechs van dän Gank, ik lenks. Än Troonslampe stonn tüschen dät Trappengelänner, dä löchen ons beide...

Wi hadden dä Kammerdüren loßstoen on kecken onväwandt op dän roen Schien onner dä Decke. Dobi dachen wi ant Häxen on Wäewülwen.

Op eemol wo ät mi, as wän sik dän Schien vanne Troonslampe anners beweg hä wi süs. Ik poß scharp op.

Nu kropp dän roen Schien än betschen no vüen, no gong hä wi etwas trügge. Dät wo en Ordnung, dät kom van dät Flackern on Flenkern, wat so Troonspötte so deän. Ik biräugen mi on wo gerade open

Sprong enädrömmeln, do rett ik dä Oogen wiet on wagen los on soot pielopp ent Berre. Mäe as honnert Wäewülwe stonnen öm mi.... Dät Lech onner dä Decke ha sik met'n Ruck trügge beweg, ik hadd et dütlich geseien.....

Schließlich nom ik mi än Hatte on keck öm dä oppene Kammerdüe heröm, dä büs ant Berre reeken, on do soog ik achter dä Düe gegenöwer Zettkens Hemp so grad noch met dät büterste Zippelken öm dä Ecke weien.

Nu wuß ik Beschee.

Onse Zettken ha dä Lampe väsatt.

Än wennig woch ik noch, dann flispern ik öm dä Düe heröm: „Zettken.... schlöpse?" —

Ik kreeg kenn Antwort.

Nu krabbeln ik mi ut't Berre, schow dä Lampe ganz langsam wi op dän ollen Pläck on schleeken mi wi enne Fären heren.

Do stonn däe roen tröſtlichen Schien wi op dän ollen Pläck, wo hä hengehören. Ik ha Spaa win dicken Ärappel. Nu sollen dä Wülwe mä kommen. Op eemol foll mi en, dat ik de Lampe eegentlich woll än betschen no mi hen schuwen könn, dät ha Zettken doch ok gedoen. Ik stonn also wi op, schleeken mi opn Gank langsämskes ope Lampe tau, dä Oogen ömmer ope Trapp, of do ok ömmers heropp kom, dä mi nech seien druff.... Nu wo ik an dä Lampe. Nu bücken ik mi, öm sö dä griepen — — do pock ik met dä Hand an ne annere Hand — —

...Twee Schreie donnern dörch et Hus. Vader on Moder komen dä Treppe heropgebossen. Do stonnen Zettken on ik vöree'än, beide kriedewitt on konnen kän Woetken herut kriegen, so wo ons dän Schreck enne Gleddern gefahren, wi hadden alle beide gedach, wi hädden än Wäewulw anne Schnute gepack....

On dann lachen wi, Zettken öwer mi, on ik öwer Zettken.

„Dät kömp bloß van dä vädomde Geschichten, dä dä Großmoder dä Pöosse ömmer vätallt", sagg dä Vader vädreitlich.... „nu spök sö al nächligerweise em Hemp ope Gänge heröm, eenes Dages lop sö wi Katten öwer dä Däker."

„Jo, jo Joann," sagg dä Moder, ik hef et öe al gesach, sö sall et ok nech mä dauen. Allemarsch ent Berre!!" —

Väschwonnen woren wi.

Dä Troonslampe schmett ören roen Schien wi onner dä Däcke. Hä flemmern en onse Kämmers wi än Stäen. —

Wi leiten kän Ooge dofan.

As dä Mäuigkeit öwerhand nom, schleipen wi en on drömen vant Hexen on Wäewülwen.

(Essen-Dellwig)

Die Rutsch-Anne und der langnasige Jäger.

Zu Ende des siebzehnten und Anfang des achtzehnten Jahrhunderts herrschte über das Land Berg der gute Herzog Johann Wilhelm, Kurfürst von der Pfalz, von dessen Gerechtigkeit, Milde und Leutseligkeit noch heute das Volk viel Rühmenswertes zu berichten weiß. Er pflegte zu sagen, er habe eine große Familie; denn alle seine Untertanen seien seine Kinder, und er liebte sie auch wirklich, wie ein Vater die Seinen liebt. Seine zweite Gemahlin aber, die stolze Anna von Toskana, hatte kein Herz für das Volk, und weil sie es besonders liebte, große Hetzjagden zu veranstalten, wobei sie die Felder der armen Landsleute schonungslos zerknetete, so gab man ihr den Spottnamen „die Zerrutschering" oder „die Rutsch-Anne".

Einst fuhr sie an der Seite ihres Gatten durch ein Dorf; da kamen viele abgehungerte und zerlumpte Menschen zu ihrem Wagen und schrieen mit kläglicher Gebärde um Brot und Almosen. Ganz verwundert rief die Herzogin, die Leute möchten doch nur Semmel und holländischen Käse essen, um sich von dem lästigen Hunger zu befreien. Sie mochte wohl nicht ahnen, daß sie selbst eine so einfache Speise nicht hatten. Dem Herzog aber griff es ans Herz; denn er hatte mit der Not seiner Untertanen inniges Mitleid. Darum gedachte er, die stolze Frau mit ihren eigenen Worten zu strafen. Bald darnach, an einem schwülen Sommertage, wurde zu einer großen Jagd gerüstet. Der Kurfürst hatte den Plan gemacht, und als der Mittag kam, sah man sich auf öder, schattenloser Heide. Die Fürstin, ermüdend und lechzend, spähte nach Schatten und Labung, der Kurfürst aber trieb die Schar immer weiter fort. Endlich sank Anna, von nie gefühltem Hunger und Durst

gepeinigt, nieder und erklärte, sterben zu müssen, wenn man ihr nicht Labung reiche. Da sagte ihr Gemahl: „So esset doch Semmel und holländischen Käse, meine Liebe!“ — „Ihr spottet meiner“, rief die Fürstin, in Tränen ausbrechend, „es ist ja hier nichts vorhanden!“ Ernst entgegnete der Herzog: „Habt ihr denn nicht auch jüngst der Armen gespottet, als sie an euren Wagen liefen und vor Hunger schrien? Hätten sie solche Speise gehabt, so würden sie sich wohl gesättigt haben. Jetzt fühlet ihr es, wie jenen war und wie eure Worte ihnen weher tun mußten, als selbst der Hunger.“ Die Fürstin schwieg und wagte vor Scham nicht, den Blick zu erheben.

Johann Wilhelm traute seinen eigenen, klaren Augen mehr, als dem schmeichelnden Geschwätz seiner Hofleute, und er wußte ein Mittel, jeder Sache auf den Grund zu kommen. Oft nämlich verließ er als Jäger oder Bauer verkleidet seinen Palast und wanderte meilenweit umher, redete mit Gewerbeleuten auf Märkten und Straßen, trat in die Hütten oder an den Pflug des Landmannes und erfuhr auf diese Weise, was er wollte: ob das Volk ihn so liebe, wie die Höflinge schmeichelten, ob die Beamten ihre Pflicht täten und ob irgendwo Notstände ihm verheimlicht worden wären. Dabei lachte und scherzte er gern mit den Leuten und freute sich herzlich, wenn diese ihn ganz wie ihresgleichen behandelten.

Als einst der junge Herzog in Jägerkleidung schon früh aus Düsseldorf weggegangen war und in der Nähe von Ratingen umherwanderte, sah er einen Landmann, der mitten unter den Garben — es war Roggenernte — sein karges Mahl verzehrte. Er trat zu ihm und redete ihn an: „Guten Morgen! Schon so früh an der Arbeit?“ — „Ei, man muß wohl, wenn man sich ehrlich durchschlagen will. Schlechte Zeiten das!" So brachte ein Wort das andere, und der Herzog wußte das Gespräch bald auf die Regierung, die Steuern, den Hof und den Herzog zu lenken. Das Bäuerlein drückte mit allem seine Zufriedenheit aus, und wie auch der verkappte Jäger bemüht war, dem Herzog eins anzuhängen, so pries doch der Bauer seinen Landesherren hoch als einen Mann nach dem Herzen Gottes. „Aber", fuhr er fort, „da rutscht und rutscht die Rutsch-Anne, die unbarmherzige Herzogin mit ihrer wilden Jagd durch die Kornfelder, daß man froh sein muß, wenn sie einem die Hälfte der Ernte verschont. Ja, die Rutsch-Anne, die ist an allem Unglück schuld und hat nichts von ihrem guten Manne, der es besser machte, wenn er nur alles wüßte!" Der Jäger half dem Bäuerlein weidlich losziehen über die Herzogin und nahm sich vor, seine hochfürstliche Gemahlin mit dem schönen Namen Rutsch-Anne aufzuziehn, an dem er eine sonderliche Freude hatte.

Als am andern Morgen die Fürstin wieder zur Jagd rüstete, rief ihr Gemahl ihr laut entgegen: „Ei, guten Morgen, Rutsch-Anne! Geht's schon wieder zum Rutschen? Glück auf, Rutsch-Anne!" Als sie nun um Erklärung dieses sonderbaren Namens fragte, erzählte er ihr sein gestriges Erlebnis und sandte sogleich einen Eilboten an das Bäuerlein ab, der es an den Hof beschied. „Nun, mein Freund", redete der Herzog den Verdutzten an, „sage mir doch, wie heißt bei euch Leuten die Kurfürstin, wenn ihr so unter euch seid?" Der arme Mann erschrak, erholte sich aber bald wieder von seiner Verwirrung, dachte: frisch gewagt ist halb gewonnen! und begann ganz dreist: „Ei, Euer Gnaden, da hat Euch gewiß der Jäger mit der langen Nase etwas aufgebunden, der gestern beim Kornschneiden mit mir plauderte. Ja, das ist ein garstiger Schalk und schuftiger Lügner, und gegen Euer Gnaden hat er die allerärgsten Dinge vorgebracht, und nun lügt er Euch vor, der langnasige Schelm, ich hätte gesagt, die gnädige Frau Herzogin wäre eine Rutsch —."

Weiter kam er zum Glück nicht, denn der Herzog und die Herzogin brachen beide in ein schallendes Gelächter aus; denn nun hatte jedes

seinen Teil, und war sie die Rutsch-Anne, so war er der langnasige Jäger. Und wirklich war der gute Fürst mit einem ganz gewaltigen Riechgehäuse versehen, wie aus dem Gußbilde auf dem Markt zu Düsseldorf noch ersichtlich ist.

Als aber der arme Teufel merkte, was er in aller Unschuld angerichtet hatte, entfiel ihm gänzlich der Mut, und er dachte schon an Stockhiebe und Gefängnis. Doch der Herzog reichte ihm lachend die Hand, beschenkte ihn reichlich und versprach ihm gänzliche Straflosigkeit, wenn er jetzt ebenso rede, wie er gestern vor dem Weidmann getan. Da erhielt des Landmanns Zunge große Geläufigkeit, und die Fürstin bekam manches zu hören, worüber zu lachen sie nicht den Mut hatte und dem sie nicht widersprechen konnte. Als darauf der Bauer in Gnaden entlassen war, redete ihr der Herzog unter vier Augen ernsthaft zu, und sie empfand Reue und versprach Besserung. Wirklich soll sie von nun an eine gute Landesmutter geworden sein. (Düsseldorf)

Speck und Erbsen

Der Kurfürst Johann Wilhelm hatte sich einst auf der Jagd im Königsforst verirrt. Stundenlang streifte er auf den Bergen umher, bis er endlich vor einem Bauernhaus erschöpft niedersank. Die Bauersfrau hatte Speck und Erbsen gekocht, und da sie mit dem fremden Jäger Mitleid empfand, so setzte sie ihm das Gericht vor. Hei, wie diesem die Speise mundete! So hatte es ihm an der reichbesetzten Hoftafel noch nie geschmeckt.

Als er nach Düsseldorf zurückgekehrt war, da erzählte er seiner Gemahlin, der Kurfürstin Anna Maria Aloysia, Speck und Erbsen sei das köstlichste Gericht der Welt. Sogleich wurde der Hofkoch beauftragt, für nächsten Mittag diese Kost zuzubereiten. Er ließ es an guten Zutaten nicht fehlen; aber wie er sich auch Mühe gab, der Kurfürst blieb dabei, das Gericht hätte ihm im Königsforst weit besser geschmeckt.

Da wurde die Bäuerin herbeigeholt. Im landesherrlichen Wagen fuhr sie von Bensberg bis Düsseldorf. Es wurde ihr aufgetragen, das Lieblingsgericht des Kurfürsten genau so zuzurichten, wie sie's daheim gewohnt sei. Aber was die gute Frau auch kochte, dem Kurfürsten wollte es nicht schmecken, weil ihm die Hauptwürze, der Hunger, fehlte, der ihm im Königsforst die Speise so schmackhaft gemacht hatte.

Endlich wurde der Kurfürst klug daraus, und er pries die fleißigen Arbeiter glücklich, denen jede Mahlzeit munde. Daher rührt das Sprüchlein:

Wer sich vor Arbeit nicht tut schrecken,
Dem wirds wie dem Jan Wilhelm schmecken.

(Düsseldorf)

Die Kunstkatze.

Der Kurfürst Johann Wilhelm zu Düsseldorf konnte die Franzosen nicht leiden. Sie hatten es ihm auch darnach gemacht, hatten ihm sein schönes Schloß zu Heidelberg und sein ganzes Pfälzerland mit einer Grausamkeit verwüstet, die in der abendländischen Geschichte keine Grenzen hat. Die Frau Kurfürstin aber war den Franzosen hold und lobte ihre feinen Manieren. Ihr Gemahl pflegte zu sagen: „Spitzbuben und Räuber sind sie von Natur, und die Natur geht über die Lehr." Da wollte ihm die Durchlauchte Frau an ihrer Kunstkatze beweisen, daß man die Natur durch die Lehr bemeistern könne. Sie hatte nämlich eine Katze, die stand Schildwach wie ein Grenadier und hielt, wenn sie den Abendsegen las, das Licht in ihren Pfoten fest. Das Tier machte überhaupt Künste, daß es zu verwundern war, und darauf berief sich die Frau, als sie mit ihrem Gemahl über die Franzosen zankte. Der dachte, er wolle ihr seine Ansicht handgreiflich machen. Als die Katze auch einmal das Licht hielt, da hatte der Kurfürst eine Maus mitgebracht. Die ließ er aus dem Ärmel springen und über den Tisch laufen. Als die Katze die Maus sieht, da läßt sie das Licht fallen und springt der Maus nach. Da hatte der Gemahl gewonnen, und das Lachen war an ihm. Die Kurfürstin mußte die Wahrheit des Sprüchwortes anerkennen, daß die Natur über die Lehre geht. (Düsseldorf)

Der Gießerjunge

Der Guß des Reiterstandbildes des Herzogs Johann Wilhelm auf dem Gemüsemarkt war bereits einmal verunglückt, und man zweifelte sehr, ob er zum zweiten Male gelingen würde. Schon war das Erz in die Form gelassen und diese nach des Meisters Meinung vollständig gefüllt, als der Lehrjunge erklärte, es fehle noch etwas daran. Sogleich fing er an, bei allen Zuschauern ringsum Metall zu sammeln und erhielt von einigen sogar Ringe und andere Schmucksachen. In seiner Schürze nahm er dies alles in Empfang und warf es trotz des Meisters Zorn in den Schmelzkessel. Ergrimmt wollte der Meister ihn mißhandeln, weil er den Guß verdorben hätte. Als man aber die Form öffnete, war der Guß ganz, wie er sein sollte, nichts zu viel, nichts zu wenig, so daß man deutlich erkannte, daß ohne des Jungen Zutun der Guß wiederum verunglückt sein würde. Zum Andenken daran ließ man später den Lehrjungen abbilden, und so wie er das Erz in seiner Schürze sammelt, stand er lange Zeit auf dem alten Gouvernementsgebäude in Düsseldorf.

(Düsseldorf)

Der Schelm von Bergen.

Im Schloß zu Düsseldorf am Rhein
Wird Mummenschanz gehalten,
Da flammen die Kerzen, da rauscht die Musik,
Da tanzen die bunten Gestalten.

Da tanzt die junge Herzogin,
Sie lacht laut und beständig:
Ihr Tänzer ist ein schlanker Fant,
Gar höflich und behendig.

Er trägt eine Maske von schwarzem Samt,
Draus blitzt hervor mit Freude
Ein Auge wie ein blanker Dolch,
Gezogen halb aus der Scheide.

Es jubelt die Fastnachtsgeckenschar,
Wenn beide vorüberwalzen;
Der Drickes und die Marizebill
Grüßen mit Schnarren und Schnalzen.

Trompeten blasen, Schnedderengdengdeng!
Der närrische Brummbaß brummet,
Bis endlich der Tanz ein Ende nimmt
Und die Musik verstummet.

„Durchlauchtigste Frau, gebt Urlaub mir,
Ich muß nach Hause gehen —“
Die Herzogin lacht: „Ich laß dich nicht fort,
Bis ich dein Antlitz gesehen!“

Der Schelm von Bergen

Zu Seite 112

8

„Durchlauchtigste Frau, gebt Urlaub mir,
Mein Weilen bringt Schrecken und Grauen. —“
Die Herzogin spricht: „Ich fürchte mich nicht,
Ich muß dein Anlitz schauen.“

Wohl sträubt sich der Mann, doch will das Weib
Von keiner Entschuldigung wissen;
Sie hat ihm endlich mit Gewalt
Die Maske vom Antlitz gerissen.

„Das ist der Scharfrichter von Bergen!“ schreit aus
Die Menge, die angstvoll weichet;
Die Herzogin schwankt auf ihren Stuhl,
Sie ist wie Kreide erbleichet.

Der Herzog war ein kluger Herr;
Er tilgte auf der Stelle
Der Gattin Schmach. Er zog sein Schwert
Und rief: „Knie nieder, Geselle!

Ich schlag dich zum Ritter; und weil du ein Schelm,
So nenn' ich dich Schelm von Bergen!“
Lang blühte am Rhein dies edle Geschlecht:
Jetzt ruht es in steinernen Särgen. — —

(Düsseldorf)

Jirkes on der Düvel.

Ett wohr ehmol ene rieke Keel, de hieß Jirkes. De Jirkes spellte jen Kade. Be demm Kadespelle vorlor he sinn janz Jeld. Do schmiß he die Kade innet Füer. He wurd nu fromm un emmer frömmer. Als sin Weet ehmol für de kranke Jong Wing hole sollten, fiel ett die Trepp eronger und broch sich datt Krüz. Noch e paar Daach starb de Jong. Datt Weet wuede awwer wieer besser. Et beheelt awwer ne Puckel. De Jirkes baude jetzt en Kirk. Wie he se half vedisch hadde, hadde he kie Jeld mie für sinn Arbieder zu bezalle. Wie he nun ehmol so in der Kirk stung, koom de Düwel und jovv emm Jeld, dat he die Kirk vedisch bue kunnt. Als die Kirk vedisch wohr und de Hahn owe omm Kirkturm sich drehte, koom de Düwel wieer und wullte uus de Kirk e Wietzhus druß maake. Dat wollde de Jirkes nitt. Do säht de Düwel: „Wie wollen owe vom Kirkturm uut sprenge, wer am wiezte sprengt, darf mit de Kirk maake, watt he will.“ Demm Jirkes jefiel datt und bald woren se owe um Kirkturm. Demm Jirkes wohrett bang zu Mot. De Düwel sprong z'ieścht; he blew awwer mit sinn Petzquante an der Jlock hänge; denn die wohr jetehrt. Bald wohr he im Pillebach jefalle. Wo he hin sprong, do jow ett e Loch, wo schwatt Water erus koom. Datt wohr ett Düwelspüttke. De Jirkes bete datt Vaterunser noch ehmol schnell, und dann sprang he. He sprang bis heihin. Utt demm Loch koom wiß Water erus, datt wohr ett Jirkespützke. Ett wohr Heilwater, watt sich die Lütt hollden.

(Düsseldorf)

Die reichen Bauern

In der Gegend von Niederkassel und Heerdt war früher ein sehr fruchtbarer Boden, und als die Leute nun viele gute Jahre auf der Reihe hatten, da wurden sie so üppig und protzenhaft, daß der Pfarrer seine liebe Not mit ihnen hatte. Ein Bauer ließ ein Hufeisen von Silber machen mit seinem Namen drauf und ließ das seinem Pferde nur lose unterschlagen; und als er einmal auf die Nachbardörfer ausritt, fiel es natürlich ab. Aber das wollte er ja auch gerade; die armen Schlucker dort sollten es finden und sehen, was die Bauern in Niederkassel für schwerreiche Leute wären. Die Sache sprach sich denn auch herum, aber es kam auch dem Pastor von Heerdt zu Ohren, und der hat dann von der Kanzel herunter seiner Gemeinde ins Gewissen geredet und sie gewarnt und dabei gerufen:

Kassel, Kassel!
Gott wird dich hassen
Mit Feuer oder mit Wasser!

Und bald darnach ist eine furchtbare Ueberschwemmung gekommen — dieselbe, bei der auch das „Heerdter Loch" entstanden ist — hat Hunderte von Morgen des besten Ackerlandes mit Sand und Kies bedeckt und viele reiche Bauern zu armen Leuten gemacht.

(bei Düsseldorf)

Die Dohlen auf dem Turm

Es war um die Pfingsttage. Der Küster hatte gerade den Hammer, mit dem er an die Glocke geschlagen hatte, um nach alter Sitte vor dem Fest zu beiern, weggelegt, als zwei Knaben den Augenblick, da die Tür zum Turm noch offenstand, wahrnahmen, um hinauf zu klettern zu dem Dohlennest, das ihnen, weil sie Junge in ihm bemerkt hatten, schon lange im Sinn lag.... denn junge Dohlen aufzuziehen galt als besondere Kunst und ein Dohlennest zu berauben immer als ein Heldenstück.

Oben angekommen aber sahen sie, daß sie von innen nicht zum Nest gelangen konnten. Kurz besonnen: „Legen wir das Brett zum Fenster hinaus, ich stelle mich außen drauf und du setzt dich innen drauf und hältst es fest." — Und wie gesagt, getan: Mit der einen Hand am Fensterkreuz griff der junge Waghals mit der andern in das Nest: „O, fünf Junge, drei für mich und zwei für dich...!" womit sich der andere nicht zufrieden geben wollte. „Wenn ich das Brett nicht hielte, kriegten wir alle beide keine... drei für mich und zwei für dich." „Das Brett nicht hieltest? Und wenn du das Brett bis morgen hieltest, und wenn ich nicht hier herausgeklettert wäre? Du Hund, kein Stück kriegst du, jetzt halte ich sie alle." Und der andere: „Dann laß ich das Brett los." — „Dann laß es los, drei Dohlen kriegst du n i c h t ..!" Und wirklich, er ließ das Brett los, so daß der andere sich nicht halten konnte; mit den Dohlen in der Hand... ja, man weiß nicht, er fiel oder schwebte, (vom Wind oder einer andern unsichtbaren Macht gehalten), so auf den Kirchhofsrasen, daß ihm nichts geschah. Und er war so von seiner Freude über den Erfolg des Dohlenfangs erfüllt, daß er das Wunder, das mit ihm geschehen war, nicht sonderlich beachtete. Nur einen Blick noch oben nach dem Turm: „Warte, du Flegel, wenn ich dich kriege"! und dann ging er lachend heim, ohne sich um den andern weiter zu kümmern.

(Neuß)

Der Hahnenbalken

Es war ein Zauberer, der es mit seiner Kunst fertig brachte, daß ein schwacher Hahn mit seinem Schnabel einen Balken trug, an dem ein starker Mann seine Last gehabt hätte. Alle Leute strömten zu ihm hin, und er ward berühmt im ganzen niederrheinischen Land.

Es war aber ein Mädchen, das vom Felde kam und Klee geholt hatte. In ihrer Bürde, die sie auf dem Kopfe trug, war, das wußte sie, ein vierblättriges Kleeblatt. Und sie wußte auch, daß dies vierblättrige Kleeblatt die Kraft in sich trug, jeglichen Zauber zu lösen. Als sie nun über den Marktplatz kam, wo der verzauberte Hahn sein Kunststück zeigen sollte, ließ dieser den schweren Balken liegen und sah als solchen einen Strohhalm an, den er, den Beifall der Leute erwartend, stolz mit seinem Schnabel in die Höhe hob. „O, da hat der Zauberer einen starken Hahn“, rief das Mädchen, „daß der einen Strohhalm tragen kann“. Lachend zogen die Leute, lachend zog das Mädchen, wutschnaubend aber zog der Zauberer ab.

Nach einigen Tagen mußte die Jungfer unweit des Dorfes wieder zu ihrem Kleeacker gehen. Der Weg aber führte durch ein blühendes Flachsfeld, in dessen Nähe die Bauern auf ihren Äckern arbeiteten. Der Zauberer war ihr nachgegangen und hatte, um sich zu rächen, eine Kunst an ihr ausgeübt, indem er ihre Augen begaukelt hatte, so, daß sie den Flachsacker für ein Wasser ansah. Sie schritt mit ihren bloßen Füßen vorsichtig hindurch, langsam ihre Röcke hebend. Als sie aber weiter ging, schien es ihren begaukelten Augen, als stiege die Flut immer höher, und immer höher hob sie ihre Röcke, bis rings die Bauern in ein Lachen ausbrachen, daß sie erschrocken um sich sah und aus ihrem Zauber erwachend in tiefer Scham ihre Augen mit ihren Händen bedeckte. „Denk an den Hahnenbalken!“ rief der Zauberer ihr nach und war bald auf der Straße in Busch und Wald verschwunden. (Benrath)

Das Bäumchen an der Turmmauer

Ein Bäumchen wuchs am Turm, als sei es in dem grauen Stein gewurzelt und wuchs so über hundert Jahre wohl, bis man den Turm zerbrach, das graue Gemäuer am „Obertor“, und auch die unterirdischen Gewölbe mit Schutt und Sand verschüttete. Wer aber vorüberging und sah, wie immer wieder neue Zweige und alle Jahre aus den Zweigen Blätter wuchsen, dem war es doch ein Wunder, wie aus den moos-bewachsenen, alten, trockenen Steinen neues Leben grünen konnte.

Es stand ein Mädchen vor dem Richterstuhl, so erzählen sich die alten Leute, eines schweren Verbrechens, das es aber nicht begangen hatte, angeklagt. Und so sehr es auch seine Unschuld beteuerte und selbst Gott zum Zeugen rief — die Richter und die Schöffen wollten ihm nicht glauben, ja, sie haben es ob seines inbrünstigen Gebets vor Gottes Angesicht verspottet und es der Heuchelei geziehen und ohne Rührung, ohne Gnade verurteilt zum Hungertode in dem finstern Erdloch, dem Kerker unter jenem Obertor der Stadt, der dann zugleich sein Grab auch werden konnte. Und ob sie bat und flehte und in Weinen fast zerfloß, man blieb bei diesem Spruch und schon holte man den Büttel, sie hinabzustoßen in die dunkle Todesnacht.

Ehe aber dies geschah, ward ihre Seele still. Wunderbar erhellte sich des Mädchens Angesicht, in den Augen lag ein tiefer Glanz, und als es sprach, da war's schon wie die Stimme einer andern Welt: „So ist es Gottes Wille, daß ich leiden soll. Ich weiß nicht, wer das Böse tat, des ihr mich zeiht. Ich aber tat es nicht. Gott, der ich dich im tiefsten Herzen liebe und allzeit liebte ...“ und indem sie dieses sagte, er-hob sich ihre Stimme, so daß der Richter ganz erschrocken zitterte und sich entfärbte: „Meine Unschuld wird Gott selber euch beweisen. Über meinem Grab wird aus dem grauen Stein ein Bäumlein wachsen, das soll euch, eure Kinder und Kindeskinder, allzeit erinnern, wie ihr mir

Unrecht tatet. Ich verzeihe euch, die ihr verblendet seid... Wer euch so umstrickte, ich weiß es nicht, obwohl ichs ahne und doch nicht sagen kann. Gott soll der Zeuge meiner Unschuld sein..." und obwohl man gröhlte, lachte und sie zu überschreien strebte: ihre Stimme drang wie aus anderem Element als Menschensein gebildet durch alles Toben durch und lag auch hernach noch in der Luft wie ein Singen, immer leiser werdend, wie ein stiller Wind in Birkenblättern am Abend in den Frühlingszeiten, wenn fern im Tal und in den dunklen Gräben Nachtigallen singen.

Und wirklich: Als fast schon niemand mehr an jenes Mädchen dachte, erschien in einem Mauerspalt ein grünes Blatt, das schnell zum Zweiglein wuchs; und als es über Nacht abgerissen war, am andern Morgen grünte es wie tags zuvor. Das Zweiglein wuchs und wurde eine Gerte, die sich bald erbreiterte mit Ästen, Zweigen — und so oft das Stämmchen abgeschnitten wurde heimlich in der Nacht, es wuchs von neuem und ward ein Bäumchen mit starkem, gesundem Stamm. Und ob auch dieser in der Nacht mit einer Axt gefällt ward, der Stumpf begann sogleich erneut zu grünen, das Zeugnis ihrer Unschuld blieb und blieb so hundert Jahre und noch mehr bis auch in unsere Zeit.

Aber es war dies, daß man öfter in der Nacht eines Menschen leise Seufzerstimme hören konnte, und daß eines Tages der Richter, der das böse Urteil sprach, verschwunden war. Er irrte arm und leidend durch die Welt, und niemand weiß bis auf den heutigen Tag, warum er, der sonst niemand Unrecht tun wollte, dieses Mädchen in die Nacht des Kerkers werfen ließ. Jedoch die alten Leute erzählen mancherlei. Anna Margarete hieß sie, die fast ein Kind noch war. Und weil der Richter sie liebte, soll sie seine böse Frau des Mords an ihrem eigenen, vor ein paar Tagen erst geborenen Kind, bezichtigt haben, der aber ihre e i g n e, schwere Sünde gewesen sei. Und so sei der Richter ganz verwirrt gewesen;

sein Herz zu übertönen, habe er sich also grob und hart und ungebärdig wild gezeigt und selbst in Zweifeln und in Angst um seiner tiefen Liebe willen das Mädchen verurteilt mit dem harten Spruch.

An einem Morgen aber fand man ihn unter jenem Bäumchen an dem Obertor. Es war ein Frühlingstag, und die noch spät am Abend vorübergegangen waren, wollten sich erinnern, als sei ein Singen in dem leisen Wind gewesen, wie von fern und doch ganz nah.... Zerlumpt und schmutzig lag er da, der arme Wandersmann der ruhelosen Welt. Ein Zweiglein jenes Bäumchens in der Hand, im Tode noch mit einem stillen friedevollen Lächeln im Gesicht. (Ürdingen)

Die Elfenfähre

Man weiß nicht, wie es kam, aber endlich beschloß der König des kleinen Volkes, dasselbe aus unserer Gegend hinwegzuführen. Und zwar faßte er den Beschluß, nicht höher ins Gebirge hineinzuwandeln, sondern vielmehr über den Rhein zu ziehen und sich jenseits anzusiedeln. Um diese Zeit erhielt der Schiffer, welcher die Fähre bei Wiesdorf in Acht hatte, abends, als er in seiner Hütte zur Ruhe gehen wollte, Besuch von zwei kleinen Männern, welche, was Kleidung und Aussehen betraf, nicht sonderlich ausgerüstet schienen. Diese Kleinen bedingten die Überfahrt für den folgenden Morgen, indessen sollte der Fährmann sein größtes Fahrzeug, die Schalde, nehmen, mit welchem er Roß und Wagen hinüberzusetzen pflegte. Er stand auch mit seinem Fahrzeug beim ersten Grauen des Tages in den Uferweiden, neugierig zu erfahren, was für Gesellschaft die seltsamen Männer bringen würden. Statt der Pilger aber, die nach einem entfernten Wallfahrtsorte ziehen mochten, oder der Frachtwagen, die hinüber sollten, war er erstaunt, ein köstliches Spiel von Tonwerkzeugen zu vernehmen, unterbrochen von dem Gerappel von Mensch und Vieh, von dem Geblöke und Geschrei allerlei Hausgetiers. Der Mann sollte aber noch mehr erstaunen, denn als er sich auf den Platz gestellt und das Fahrzeug flott gemacht hatte, schritten nur die beiden ärmlich gekleideten Männlein, die er am Vorabend gesehen, in die Schalde und ermahnten ihn, nachdem sie einige Zeit neben ihm umhergestolpert, doch endlich abzufahren. Der Schiffer hatte seine Last, den Kahn vom Ufer loszubekommen, so schwer war er indessen geworden. Nur mit großer Anstrengung ruderte er ihn auf die andere Rheinseite und sah unterwegs zu seinem Schrecken, daß er bis zum Borde in den Fluten

lag, daß die winzigen Knirpse mehr wiegen mußten, als der schwerste Lastwagen, den er je hinübergefahren. Mit Mühe landete der Ferge weit unten in den Weiden, was den Männlein gerade recht war.

Sie überreichten nun dem Fergen eine große Walnußschale voll blinkenden Goldsandes und fügten bei, daß für jeden Kopf ein Körnlein darin enthalten sei. Während dessen erhob sich wieder im Kahn ein Getrippel und Getrappel, daß dem Schiffer Hören und Sehen schwinden wollte. Als dieses nachgelassen, empfahlen sich die beiden Männlein auch und verschwanden alsbald in dem Weidicht. Dem Fährmann war dieses alles höchst unheimlich vorgekommen, daher stieß er vom Ufer und ließ sich dem Wiesdorfer Gestade wieder zutreiben. Über der Fahrt hörte er aus der Ferne zum Geblöke der Herde dasselbe lustige Spiel, welches er schon am rechten Ufer vernommen hatte, durch die Weidenbüsche tönen, und da ward ihm klar, daß er eine Menge wunderlicher Wesen übergesetzt hatte, die seinem Auge unsichtbar gewesen. Als er daheim die Nußschale, welche er in der Tasche geborgen, wieder hervorsuchte und öffnete (die Männlein hatten sie wieder zugeklappt), ermüdete er, die winzig, aber hell funkelnden Körnlein zu zählen. Er trug sie später zu einem Goldschmiede nach Köln, welcher ihm dafür eine solche Rolle gemünzten Silbers ausbezahlte, daß er sich ein hübsches Stücklein herrlichen Gartenlandes nicht weit von der Fähre ankaufen konnte.

(Wiesdorf)

Der Elfenkönig

Bei Wiesdorf am Rhein, wo es früher in Sumpf und Bruch viele Erlen gab und allerlei dichtes Gestrüpp, war eine Gegend, die Wüstenei genannt. Man erzählt sich, daß dort der Erlen- oder Elfenkönig gewohnt habe, der in den nebeligen Nächten, wenn der Mond durch die Erlen schien, über die Felder und Weiden ging und auch manchmal in den frühen Morgenstunden noch sichtbar war.

Es war ein Mädchen, das hinausgegangen war, um Futter für die Kuh zu holen, ehe noch die Sonne aufging und als der Tau noch im Grase lag. Da aber die Bürde so schwer geworden war, daß sie sie selbst nicht auf ihren Kopf heben konnte, sah sie sich nach jemandem um, der ihr hätte helfen können. Da aber in so früher Stunde noch niemand auf dem Acker war, war sie gerade im Begriff, ihre Last zu erleichtern. In dem Augenblick aber, in dem sie sich niederbeugte, stand ein Mann neben ihr von sonderbarer Gestalt. War es eine Krone oder war es nur Licht, goldenes Licht, das sein Haupt umstrahlte? Milde schienen seine Augen, und freundlich war seine Stimme, mit der er sich anbot, ihr zu helfen. Und es war, als hätte er das Bündel Gras kaum berührt, als sei es mit seiner Hand leicht, wie von selbst auf ihren Kopf hinaufgeschwebt — und ebenso leicht war die Last, als sie heimging und der Mann (wie war sie erschrocken) so plötzlich, wie er gekommen, verschwunden war.

Und sonderbar: Ihre Backe brannte, als wäre sie dem Herdfeuer zu nahe gekommen, so heiß, als wenn noch die Flammen sie berührten. Sie entsann sich, daß, als der Mann das Bündel auf ihr Haupt gehoben, seine Hand ihre Backe gestreift hatte, und daß seitdem das Brennen an ihr war, das sie noch nach Tagen an diese sonderbare Begegnung und den wunderbaren Morgen erinnert wurde. Und man erzählte ihr, daß es niemand anders hätte sein können, als der Elfenkönig, der aus der Vorzeit Tagen dort in jenem einsamen Erlengrund noch immer seine Wohnung habe. (Wiesdorf)

Die letzte Saat

Dies ist geschehen bei Mülheim, nahe dem Rhein, wo vorzeiten ein Kloster lag namens Dünnwald. Das war in Streit geraten über hundert Morgen Ackerlandes mit einem nachbarlichen Edeln, Junker Hall von Schlebusch. Das Kloster wie der Junker sprachen das große Grundstück als Eigentum an. Zwar hatte es der Junker in Besitz, aber alle Nutzung verzehrten die Kosten des vor Gericht geführten Rechtsstreites.

Da bot endlich der Junker Hall von Schlebusch den frommen Vätern des Klosters Dünnwald gütlichen Vergleich an und sprach zu ihnen: „Fromme Väter, ich bin des langen Haders müde, der uns beiderseits nicht frommt. Die hundert Morgen sollen fürder und künftig für alle Zeiten des Klosters eigen sein; nur eins bedinge ich: noch einmal eine, und zwar die letzte Aussaat. Ist die zur Ernte reif und eingebracht, so begebe ich mich jedes Anspruchs auf die hundert Morgen.“ — „Der Himmel stärke Euch, edler Junker, in solch frommem Entschluß,“ sprach der Abt; „doch seid Ihr wohl so gnädig, uns dieses Versprechen schriftlich zu geben!“ Darauf wurde ein Brief auf Pergament doppelt geschrieben und ausgefertigt, und der Junker hing sein Siegel in Wachs daran und der Abt des Klosters das seine, und das große Konventsiegel kam auch noch hinzu und das des Priors und noch zwölf Siegel erbetener ritterlicher Zeugen, und es war ein sehr schöner Brief, diese Schenkungsurkunde auf ewige Zeiten nach der Ernte der letzten Aussaat, die noch des Junkers sein sollte.

Junker Hall von Schlebusch ließ nun seinen Acker bestellen und die hundert Morgen besäen. Das geschah im Herbst, und im Frühjahr ging die Saat auf, wollte aber gar nicht recht in die Höhe schießen wie andere Saat. Da nun das Fest der Hagelfeier kam, wo man mit Prozessionen und Fahnen die Felder umgeht und für sie betet, da sahen die Mönche nach der Saat auf dem künftigen Klostererbe. Aber was sahen sie? — Eine Saat von Eicheln. „Betrug! Betrug!“ schrieen Abt und Prior und Konvent. Aber es half nichts; denn in dem Brief stand: „Vnde bewilligen ihme deme edeln junkherrn Hall vom Sleehenbosche die letzte Vssaat sinder widerrede vnde sinder alle geferde.“ *)

Lange noch freute Junker Hall von Schlebusch sich seines schönen, herrlich gedeihenden jungen Eichenwaldes. Er jagte noch Hasen und Hühner darin. Die Bäume wuchsen, und Abt und Prior und der ganze damalige Konvent gingen einer nach dem andern zur ewigen Ruhe. Und immer noch wuchsen die Eichen, und der schöne Brief wurde grau, und die Siegel wurden voll Staub, und es dachte niemand mehr an ihn. Und immer noch wuchsen die Eichen, und das Kloster versank in Schutt und Trümmer, und das neue Geschlecht, das gekommen war, konnte die Schrift des alten Briefes nicht mehr lesen.

(Schlebusch-Mülheim a. Rhein)

---

*) „Und bewilligen ihm, dem edlen Junker Hall von Schlebusch, die letzte Aussaat sonder Widerrede und sonder alle Gefährde.“

Der weiße Ritter

An einem kleinen Flüßchen nicht weit vom Rheine stand vorzeiten eine Burg. Ein breiter Wassergraben lag entlang ihren dunklen Mauern, und wer in Sommernächten den stillen Weg durch Wald und Heide ging, mochte oft ein Wehklagen hören einer weinenden Stimme, — und es wird erzählt, daß ein weißer Ritter auf seinem Pferd in diesen Nächten das Wasser durchritt, als ob er etwas suche, was ihm in diesen Wellen verloren gegangen war.

Ritter Kunibert war ein wüster Geselle, der Acker und Wald vertrank, mit Menschen und Tieren grausam war und selbst seine treue, sanfte Gattin nicht schonte, die nicht abließ, an ihn zu glauben und in großer Geduld immer von neuem versuchte, Tag um Tag, Jahr um Jahr, ihn für dieses Leben zu bessern und seine Seele für das Jenseits zu retten. Als aber der Ritter in seiner Verstocktheit und seinem wütenden Grimm durch die Güte seines Weibes statt gebessert immer mehr gereizt ward, da führte er sie mit schmeichelnden Worten an einem sommerlichen Abend, als die Gärten im Duft der Rosen standen, hinaus und war sanft und freundlich, so daß sie dankend zum Himmel aufblickte, in dem Glauben, daß ihre Liebe nun doch vermocht hätte, ihren wilden Gemahl zu ändern. Indem sie sich aber dieser Stunde glücklich bewußt ward, geschah es plötzlich, daß zwei Arme sie packten, über das Gemäuer hinüberwarfen, so daß sie an der tiefsten Stelle des Grabens ertrank.

Ritter Kunibert ward wilder und wüster als je. Als er von seinem Land nichts mehr sein eigen nannte, starb er einen schrecklichen Tod. Und in der jenseitigen Welt keine Ruhe findend, wehklagt seine Stimme in den Sommernächten und reitet er selbst im weißen Sterbegewand durch Graben und Fluß, um sein Gemahl, an dem er sich so schwer versündigt, in ewiger Unruh und Qual in den Fluten zu suchen.

(Wiesdorf)

Der Werwolf

Es war ein wildes Tier, das in den Nächten die Straßen des Dorfes und die einsamen Gehöfte unsicher machte, so daß die Leute sich fürchteten, in der Mitternachtsstunde bis zum Morgen aus ihren Häusern hinauszugehen. Als aber ein Schiffer, der sich mehr zutrauen konnte als die andern Menschen, sich um keine Warnung kümmerte, wurde er so gewaltig von dem wilden Tiere angegriffen, daß selbst seine überstarke Kraft erlahmte. Schon wollte er sich in die Gewalt des Tieres geben, als er in letzter Stunde seines Schiffermessers gedachte, das er aus der Tasche zog und dem Untier mit solcher Kraft zwischen die Rippen stieß, daß es ohnmächtig zusammenbrach. Nun aber geschah das Wunderbare, daß aus dieses Tieres Munde eine menschliche Stimme sprach, und daß wie um diese menschliche Stimme die Gestalt eines starken Mannes aufwuchs, der aber ohne Falsch und mit freundschaftlicher Gebärde die Kraft und den Mut des Schiffers lobte. Er selber aber, sprach der Mann, sei ein Werwolf, und um seine Kraft noch einmal zu beweisen, faßte er eine Scheune, die an der Seite stand, mit beiden Händen und bewegte sie so, daß die Ziegel wie bei einem gewaltigen Sturmwind auf den Boden prasselten. Voll Grausen wandte sich der Schiffer ab, und recht froh, einer großen Gefahr glücklich entgangen zu sein, fuhr er bald schon mit seinem Kahn den Rhein hinab nach Holland zu.

(Wiesdorf)

Der glühende Grenzstein

In dem kölnischen Dorfe Pütt kam der Bauer Heinrich zum Sterben und sah einen großen, glühenden Stein über sich schweben. Unter der Hitze, die von ihm ausströmte, litt der Kranke und schrie mit entsetzlicher Stimme: „Der Stein ob meinen Häupten wird mich ganz verbrennen!"

Da rief man den Priester. Der Bauer beichtete, doch fühlte er keine Erleichterung. „Bedenke," sagte der Geistliche, „ob du nicht jemand durch solchen Stein geschädigt hast."

Da besann sich der Bauer und erwiderte: „Ich erinnere mich. Um meinen Acker zu mehren, habe ich solch einen Stein auf fremden Boden gerückt."

Der Priester erwiderte: „Nun wissen wir's!" Der Bauer aber bekannte seine Schuld, versprach Genugtuung und ward von der schrecklichen Erscheinung befreit.

(Bei Köln)

Die springende Hostie

Als eines Tages der Priester in Buschbell bei Köln Messe las, wollte er nach dem Evangelium die auf dem Teller liegende Hostie auf das Korporal legen. Die Hostie sprang jedoch zurück. Der Priester glaubte, daß dies ein Zufall sei, und er habe die Hostie nicht gut gelegt. Er legte sie von neuem auf, aber er sah, wie sie noch weiter zurücksprang, und als er es zum dritten Mal versuchte, wurde sie wie durch einen Wirbelwind vom Altar gefegt. Da erschrak er heftig und glaubte seines Amtes unwürdig zu sein. Er befahl dem Ministranten, die Hostie aufzuheben und eine andere aufzulegen, und diese neue weihte er. Nach Beendigung der Messe nahm er die seltsame Hostie, eilte nach Köln, zeigte sie den Prioren von St. Aposteln und erzählte, was ihm damit zugestoßen war. Alle verwunderten sich; einer von den Geistlichen aber hob die Hostie gegen das Licht und bemerkte in ihr einen Flecken. Er brach sie vor den Augen seiner Amtsbrüder, und es stellte sich heraus, daß, wie der Volksmund sagt, eine Wandlaus mit eingebacken war. Da lobten alle den Herrn. Kein Zweifel: die Hostie wurde von den heiligen Engeln zurückgeworfen, die nicht dulden wollten, daß so verschmutztes Brot in den Leib des Herrn verwandelt werden sollte.

(Bei Köln)

Die Kölner Dom-Sage

Da man begann, den Kölner Dom zu bauen, verdroß es den Teufel mächtig, daß in der heiligen Stadt Köln, welche schon so viele Kirchen und Kapellen hatte, darinnen die Frommen Gott dienten, dem Herrn auch noch so ein übergroßes Haus erbaut werden sollte. Der Teufel nahm daher Menschengestalt an, trat mit List zu dem Baumeister und sprach zu ihm: „Du übernimmst ein unausführbar schweres Werk! Was wettest du, daß ich eher einen Kanal lege von Trier bis nach Köln, ehe du deinen Bau vollendest? Einen Kanal, mittels dessen dieser guten Stadt reines Trinkwasser nicht minder als edler Moselwein zufließen kann. Und ich meine fast, solcher Kanal wäre der Stadt nützlicher, als noch eine Kirche zu den vielen, die Köln schon hat." — „Was soll ich wetten?" fragte der Baumeister. „Wir wetten, daß der von uns sein begonnenes Werk alsbald einstelle, es sei vollendet, so weit es wolle, wenn das des andern als vollendet erscheint: ich das meine, wenn du die höchsten Kronen auf die Spitzen deiner Domtürme setzest, du das deine, wenn von Trier das Wasser in meinen Bau geflossen kommt und in deinen ausmündet." Der Dombaumeister ging den Vertrag ein, und beide begannen ihr Werk. —

Hoch und höher wuchs der Dombau, nah und näher rückten von Trier aus die Säulen einer gewaltigen Wasserleitung, ein stolzes Werk, wie es nur die Kunst der alten Römer auszuführen vermocht hätte. Da — als die Domtürme die Höhe des Krans erreicht hatten, da stand der Baumeister oben auf dem Gerüst und blickte hinab. Da sah er zu seinem Schrecken das Werk vollendet: der Kanal war bis an den Dom herangerückt. Noch war er wasserleer; da schien in der Ferne ein weißer Punkt sich zu bewegen, näher und immer näher —, und da kam das Wasser brausend geschossen und auf dem Wasser schwamm eine weiße Ente. Als

der Baumeister sich überwunden sah, stürzte er sich von der Höhe des Turmes und des Baugerüstes in die Tiefe hinab, und sein treuer Hund, der ihm auf das Gerüst gefolgt war, sprang ihm nach.

Nimmer konnte der Dom vollendet werden. Aber auch jene Wasserleitung brach die mächtige Hand der Zeit. Das Volk nennt ihre Trümmer die Teufelskralle. Zum Überfluß und als Siegeszeichen warf der Teufel noch einen Stein durch das Dach im Chor über der heiligen Dreikönigskapelle, davon ein drei bis vier Fuß weites Loch blieb. Der Stein aber liegt noch auf dem Pflaster bei der Kapelle. Die Leute nennen ihn den Teufelsstein. Man sieht auf ihm ein Zeichen wie eine Hahnenkralle, die von der Teufelskralle eingebrannt ward.

(Köln)

Otto der Schütz (Die Rheinfahrt)

Zu Seite 206

Der Dombau zu Köln

Als der Kölner Dom gebaut werden sollte und der Bauplatz abgeschlossen war, hatte sich ein Baumeister vermessen, er wolle eine Kirche bauen, wie noch keine in der Welt bestehe, und wolle diese Kirche ohne Zutun eines Menschen in kürzester Zeit hinstellen. Der Meister wollte sich dadurch vor allen andern überheben, dachte aber nicht, daß die Leute ihn beim Worte nehmen könnten. Den Herren von Köln waren aber solche Worte zugetragen worden, und alsbald ließen sie den Meister rufen und frugen, ob er das wirklich gesprochen. Er könnte es nicht leugnen, meinte der Mann. Dann wollten sie ihn eben beim Worte nehmen, er sollte ihr Baumeister sein und seinen Bauriß baldigst aufführen. Jetzt gereute den Meister wohl, daß er sich also vermessen hatte, aber er mochte den Schimpf nicht auf sich laden, daß er sein Wort zurücknehme. Er irrte nun in der Einsamkeit umher, sich einen Bauriß zu ersinnen, um doch wenigstens eine Grundlage zu haben, aber auch dieser wollte sich nicht so leicht ersinnen lassen. Da war er denn eines Tages über den Rhein gefahren und in tiefen Gedanken weiter gegangen, bis er sich in der Heide im wilden Gebüsche fand. Da setzte er sich hin und brütete über seiner Aufgabe. Als er sich erhob und aufblickte, siehe, da stand ein älterer Mann vor ihm, der ihm schon lange zugeschaut haben mochte, grüßte ihn freundlich und frug, wie er ihm dienen könne? Verdrießlich lehnte der Meister die Hilfe ab, meinte, daß ihm kein anderer helfen könne, wenn er sich nicht selbst helfe. Hiermit stieß der Mann ein seltsames Gelächter aus und zeichnete mit seinem Stöcklein vor sich in den Sand, und als der Baumeister zuschaute, zog er den Grundriß eines gewaltigen Domes in Kreuzgestalt und bezeichnete Säulen und Wölben mit kecken Strichen. „Ist es das nicht?" frug er den erstaunten Meister. Der wollte seinen Augen nicht trauen, frug, ob er einen Freimaurer vor sich habe. Wiederum lächelte

der seltsame Mann, trat einige Schritte zurück und zeichnete nun mit raschen Zügen mit seinem Stäblein den Aufriß, der zu dem Grundriß paßte, zwei stattliche Türme am dreifach gewölbten Eingange, dann in drei gewaltigen Abteilungen die großen Lichtgaden übereinander. Der entzückte Meister sprang von seinem Sitze auf, wollte den Fremden umarmen, aber dieser wich ihm geschickt aus und verwischte rasch mit seinem Stäblein die gezogenen Gebilde. „Freund", rief der Meister, „erlaube, daß ich mir die Risse in mein Taschenbüchlein zeichne, oder hilf mir, sie zu zeichnen, sie waren zu groß, zu neu, alles ist wieder bei mir im Kopfe in Wirrsal gekommen." „Der Riß hilft Euch nicht, Meister," entgegnete der Fremde, „wenn Ihr das Gebäude hinstellen wollt, muß ich Euch die Steinmetzen dazu liefern und die Steine obendrein. Ich tue es gerne, will in kürzester Zeit Euch den Bau hinstellen helfen, wenn Ihr mir mit Kind und Kegel dafür zu eigen sein wollt." — „Und in welcher Zeit?" fragte der erstaunte Meister. — „Wir wollen einmal eine hübsche Frist stellen. Wir nehmen drei Tage. Wenn der Hahn zum dritten Mal kräht, und der Bau steht nicht da, so habe ich die Wette verloren, ist er vollendet, so seid Ihr mein für alle Zeiten mit Weib und Kind." — „Topp," sagte der Meister, reichte dem Fremden die Hand, die er schüttelte, daß ein blutiges Mal davon zurückblieb. Die beiden trennten sich nach verschiedenen Richtungen. Der Baumeister kam erst abends spät nach Hause und ging ermüdet zu Bette. Aber selbst im Schlummer hatte er ein seltsames Sausen in der Luft gehört, das bis an den Morgen währte. Früh morgens lugte er von seinem Hause nach der Stelle, wo der Dom sich erheben sollte und siehe da, ein gutes Drittel des Gebäudes stand schon dorten, die Leute wunderten sich, und die Herren von Köln kamen bald zu ihm mit Ausdrücken der tiefsten Verehrung; bald gingen sie um den Bau, maßen dessen

Gliederungen, priesen dessen Herrlichkeit. Der Baumeister aber hatte eine Frau, die war sehr klug und verständig. Die frug ihn über den Bau, der so wunderbar aus der Erde hervorgequollen, wie noch kein anderer je gesehen worden. Da beichtete ihr der Gatte, wie er im Walde drüben dem seltsamen Freimaurer begegnet, und wie er mit diesem einen Vertrag geschlossen, wie er sich ihm mit Weib und Kind verwettet habe. Die Frau erschrak darob nicht wenig; nach einigem Sinnen aber faßte sie sich und wies ihren Gemahl an, sich die Sache ruhig anzusehen. So ging der Tag zu Ende, kam die Nacht und mit ihr das Sausen in der Luft und das Klippern und Klappern auf dem Bauhofe. Am andern Morgen war erst die Verwunderung groß, da sich im oberen Teile die Fenster schon wölbten, da einer der Türme schon über zwei Drittel heraufgewachsen war. Der ganze Tag verging, in dem man stets neue Herrlichkeiten am Werke des Meisters entdeckte und dessen Lob bis zu den Sternen erhob. Somit kam die dritte Nacht und mit ihr das Schwirren und Brausen. Der Meister verkroch sich ängstlich in sein Bette, dachte schon verloren zu sein, hatte durch seine Frau eine Ahnung von d e m bekommen, mit dem er sich verbunden. Seine Frau aber war wach geblieben, und da sie meinte, jetzt wäre es an der Zeit, jetzt stände der Dom beinahe fertig, öffnete sie das Kammerfensterlein, klopfte in die Hände und krähte so laut und vernehmlich, als ob es ein Hahn getan hätte, und gleich antworten ihr alle Hähne der ganzen Stadt. Somit hörte augenblicklich das Sausen und Brausen und auch die Arbeit auf. Der Hahn krähte zum dritten Mal, und der Bau war noch nicht fertig — obwohl er groß genug war für die Herren von Köln.

So erzählte man vor hundert Jahren. Die neuen Baumeister aber haben es fertig gebracht, den Dom in seiner ganzen Schönheit zu vollenden, sicherlich aber ohne des Teufels Bund und Hülfe.

(Köln)

Jan und Griet

Zeiten gehen hin, und alle Menschen sterben einmal. Aber es sind ihrer einige, die bis auf den heutigen Tag nicht vergessen sind, wovon auch diese Geschichte zu sagen weiß:

Früher lag in Köln der „Kümpchenshof", dessen Haus und Scheunen dichtbelaubte Bäume traulich beschatteten. In den Ställen und auf den Äckern und Wiesen versahen muntere, rüstige Knechte und hübsche, lustige Mägde den Dienst. Der munterste und tüchtigste unter den Knechten war Jan, die flinkste und schönste Dirne die braunäugige Griet. Aber daß sie hübsch und begehrenswert war, das wußte Griet nur zu genau, und ihr Herz war darum voll Hochmut. Einst an einem hellen Sommertage, als man auf der Wiese am Heu beschäftigt war, trat Jan an Griet heran und erzählte ihr, wie lieb er sie habe und wie er getreulich für sie arbeiten und schaffen wolle, wenn sie nur einwillige, mit ihm vor den Altar zu treten. Da aber lachte Griet ganz spöttisch und sprach: „Laß dir deine Lust nach mir vergehen, Jan! Ein Knecht, so wie du einer bist und dein Leben lang bleiben wirst, der paßt mir schlecht zum Manne! Ich meine wohl, daß ich mit meinem Gesicht alle Tage einen Bauernsohn kriegen kann und nicht zu warten brauche auf solch einen armseligen Freier!"

Jan war nicht der Bursche, sich lange aufs Bitten zu legen, wo er einmal ungünstigen Bescheid bekommen hatte. Er drehte sich kurz um und pfiff ein überlustiges Stücklein. Innerlich aber wurmte es ihn doch mächtig, daß Griet ihn abgewiesen hatte; denn er war ihr von ganzem Herzen gut gewesen. Und allgemach ward ihm der Kümpchenshof verleidet, auf dem sie beide dienten und die Arbeit, die er sonst gern tat und die ganze Stadt Köln dazu. Er nahm Handgeld und ging unter die Soldaten.

Nun steht ein rechtes Kölner Kind niemals gern hinten in der letzten Reihe, wenn vorn die Feinde sind, und Jan gerade erst recht konnte keiner von denen genannt werden, die man zu treiben brauchte, wenn es heißt „Vorwärts!" Pünktlich, brav und gehorsam war er von Natur, und seit Griet ihn verschmäht hatte, war es ihm überdies gleichgültig, ob man ihm heute oder morgen das Grab machen würde. Darum verrichtete er auch Wunder der Tapferkeit, und weil dazumal nach Gelehrsamkeit nicht viel gefragt wurde, sondern Mut, Tapferkeit und einiges Glück genügten, um selbst den gemeinen Soldaten zum Range eines Befehlshabers emporsteigen zu lassen, so wurde aus dem armen Knechte Jan vom Kümpchenshof ein reisiger Kapitän, ein stolzer Oberst und zuletzt ein berühmter General, dessen Name Jan von Werth einen gar guten, bei den Feinden aber einen gefürchteten Klang hatte. Und weil Jan daneben auch stattlich von Gestalt war und ein bescheidenes treues Wesen hatte, bekam er sogar ein schönes adliges Fräulein zum Ehegemahl.

Der Griet war es mittlerweile nicht so ganz nach Wunsch gegangen. Den Knecht hatte sie verschmäht, der Bauer aber, der sie heimführen sollte, fragte nicht nach der armen Magd, die kein andres Gut hatte als blanke Augen und rote Wangen. So kam es denn, daß Griet ledig blieb. Die roten Wangen wurden fahl und runzlig, und die braunen Augen verloren ihr übermütiges Blinken. Als ein altes krummes Weiblein hielt sie kümmerlich unter dem Severinstore Äpfel und geröstete Kastanien feil und sah die Bauern ein- und ausfahren, von denen keiner sie gefreit hatte.

Und eines Tages, da war ganz Köln auf den Beinen und strömte nach dem Severinsviertel. Denn ein siegreicher Heereshaufe sollte in die Stadt einziehen, und der ihn führte, das war der berühmte Feldmarschall Jan von Werth, der in so vielen Schlachten Sieger geblieben, vor dem kein Feind standhielt, und der ein Kölner Stadtkind war und vor Jahren auf dem Kümpchenshof Knechtdienste getan hatte.

In der schattigen, kühlen Ecke aber, im Bogen vom Severinstor, saß Griet, verkaufte ihre Ware und schaute blöde die Straße hinauf. Und da kamen sie heran, die wuchtigen stolzen Reiter, und der auf dem prächtigen Streitroß ganz vorne mit dem langwallenden Federschmuck auf dem breitrandigen Hute, mit dem kühnen, sonnengebräunten Antlitz — das war der Jan! Gerade vor dem Äpfel- und Kastanienkram hielt er das reichgeschirrte Tier an, schaute nieder zu dem verhutzelten Weiblein und sprach mit leichtem Lächeln vom Roß herunter: „Ja, ja, Griet, wer's getan hätt'!"

Und die alte Griet blinzelte wehmütig hinauf zu dem großen Manne, den sie als junge Griet einst so sprode verschmäht hatte. „Ja, Jan, wer's gewußt hätt'!" war alles, was sie seufzend erwiderte. Jan von Werth aber ritt durchs alte Tor in seine Heimatstadt, und das Volk jauchzte ihm entgegen. Auf dem alten Markte zu Köln erhebt sich ein schöner Laufbrunnen, dessen Spitze die Bildsäule des berühmten Reitergenerals krönt, der im Dreißigjährigen Kriege auf seiten der Kaiserlichen focht. Griets steinernes Bildnis ist zum ewigen Andenken ebenfalls an dem Brunnen angebracht.

(Köln)

Herr Gryn und der Löwe

Zu Köln saß auf dem geistlichen Herrscherstuhle Erzbischof Engelbert; der hatte viel Streitens mit der Bürgerschaft, das bis zum blutigen Kampf gedieh. Der Erzbischof hatte einen Löwen, den hatten ihm zwei Domherren aufgezogen. Gegen den Erzbischof stand in stetem Streite der Bürgermeister der Stadt, Herr Hermann Gryn, und hielt zur Gemeinde und verteidigte deren Rechte; doch war er mit den Domherren gleichwohl persönlich nicht verfeindet.

So luden die zwei, welche des Erzbischofs enge Freunde waren, eines Tages — es soll im Jahre 1266 sich zugetragen haben — den Bürgermeister zu sich ein zu einem Gastmahl. Sie brachten das Gespräch auf den Löwen, den sie heimlich hatten fasten und sehr hungrig werden lassen, und erboten sich, vor dem Essen ihn den Löwen sehen zu lassen. Sie führten Hermann Gryn an die Pforte des Löwenzwingers, öffneten diese und stießen ihn unversehens hinein, worauf sie die Türe zuschlugen und vermeinten, der Löwe werde ihn also bald zerreißen.

Als der Löwe den Mann sah, riß er den Rachen mit den scharfen Zähnen weit auf, schlug einen Schweifring und legte sich nach Katzenart zum Sprunge. Herr Hermann Gryn aber, wie er sah, was ihm drohte, schlang rasch seinen Mantel um den linken Arm und zog sein Schwert und wartete nicht, bis der Löwe sprang, sondern stürzte sich auf ihn mit gezücktem Schwerte, fuhr ihm mit dem linken Arm in den Rücken hinein und durchstieß ihm das Herz mit dem Schwerte. Dann gewann er einen Ausgang und eilte, ohne gegessen zu haben, seinem Hause zu.

Dieses Mittagessen bekam aber den beiden Domherren gar übel; denn der Bürgermeister sandte seine Häscher unversehens und ließ sie greifen und aufhenken an einen Balken gleich am Tore des Chorherrenhauses neben dem Dom, das nannte man seitdem das Pfaffentor. Darauf wurde zum Andenken solchen Mutes das Bild Gryns mit noch drei andern Löwenbändigern in Gesellschaft in Stein ausgeführt und zur Zier über dem Pfeilerbogengang am Rathaus angebracht. Da sieht man die Mär von Herzog Heinrich dem Löwen, Simsons Löwenkampf und Daniel in der Löwengrube dem Kölner Löwensieger beigesellt.

(Köln)

Der Bürger Marsilius

Zu den Heidezeiten geschah es, daß ein römischer Kaiser Köln belagerte und es in große Not brachte. Es begann in der Stadt an allem zu mangeln, am meisten aber an Holz. Da war ein edler Bürger und Hauptmann in der Stadt gesessen, der hieß Marsilius, der ersann einen listigen Anschlag und gab guten Rat. Eine Schar Frauen, als Männer verkleidet, mußte mit Karren und Holzwagen zu dem einen Tor hinaus und nach dem Walde ziehen, dort Holz zu fällen oder auch nur so zu tun. Die Bürger aber unter ihrem Führer Marsilius zogen zu einem andern Tore hinaus, um dem Feinde, sobald er sich gegen die Schar der Frauen wenden würde, in den Rücken zu fallen.

Und es geschah alles so, wie es vorgesehen war. Die Bürger drangen mit großer Macht auf den Feind, und auch die Frauen trugen ihre Wehren nicht zum Schein. Und die Kölner gewannen einen vollständigen Sieg, erwarben viele Beute und machten eine große Schar von Gefangenen, darunter den Kaiser selbst, der ihre Stadt belagerte. Der ward in einen tiefen Turm gelegt und sollte dann auf offenem Markte enthauptet werden.

Schon war ein köstlicher Teppich bereitet, der des Römerkaisers Blut trinken sollte, und schon mußte der Kaiser auf ihm niederknien. Da sprach er: „Ließet Ihr mich leben, Ihr Bürger von Colonia, so sollte Euch mein Leben viel nützlicher sein denn mein Tod!“ Da wurde dem Henker geboten, noch zu harren, und es wurde noch einmal Rat gehalten. Und Marsilius riet, dem Kaiser das Leben zu schenken, aber von ihm stattliche Gerechtsame zu begehren. Der Rat war den Kölnern abermals genehm, und Marsilius und die Senatoren entwarfen die Gerechtsame, welche sie fordern wollten und schrieben sie auf eine glatte Tierhaut. Und der Kaiser mußte sie besiegeln und seinen großen Ring in ein dickes

Stück Wachs auf dem pergamentnen Brief drücken und seinen Namenszug daneben schreiben nach alter Sitte.

Solches geschah an einem Donnerstage im Monat Junius, und hernachmals haben die Bürger zu Köln fort und fort am Donnerstag nach dem heiligen Pfingstfest diesen Tag begangen und ihn Holzfahrttag geheißen und sind mit Gesang und Spiel und Festlust nach dem Walde gezogen. Marsilius aber ward ob seines guten Rates hoch geehrt und der Stadt vornehmster Bürger und Hauptmann. Und als er gestorben war, wurde sein Sarg in der Stadtmauer beigesetzt, da, wo man es nachher zu St. Aposteln genannt hat, und ihm dort ein steinern Denkmal aufgerichtet. Auch ist seine Bildsäule noch am Gürzenich zu sehen, dem alten Kauf- und Ballhaus der Stadt Köln, neben ihrem Begründer Marcus Agrippa, zu ewigem Gedächtnis. (Köln)

St. Reinold

Sankt Reinold als Einsiedler war
Der Andacht wohl ergeben,
Vergessen hat er ganz und gar
Des Ritters Lust und Leben.
Er sucht sich seine Walstatt aus
Bei Köln, der Stadt am Rheine,
Daselbst zu bau'n ein Gotteshaus,
Das wünscht er noch alleine.

Der Bau war all sein Augenmerk,
Er treibt es unermüdlich,
Vollendet will er sehn das Werk,
Sodann nur sterben friedlich.
Schon sieht er, wie der Bogen springt,
Der Chor an rechter Stelle;
Und wenn des Turmes Kunst gelingt,
Ist fertig die Kapelle.

Vom Bauen ist Verdruß nicht weit,
Herr Reinold muß es büßen;
Die Knechte waren arge Leut',
Die leben ihren Lüsten.
Der alte Ritter sich ihm regt
Ob diesem faulen Wesen,
Treulich mit Fäusten er sie schlägt,
Schilt sie mit frommen Reden:

„Wenn ihr zum Bau verdrossen seid,
Die Hand in Schoß wollt legen,
Mit Schwätzen bringen hin die Zeit,
Den Leib in Wollust pflegen,
So seid ihr schlimme Knechte wohl
Vor Gott und aller Augen,
Die man zur Arbeit zwingen soll,
Daß sie zu Frommen taugen."

So treibt er's fürder Tag und Nacht,
Streng haltend auf dem Rechte,
Vor Sonnenaufgang ist er wach,
Treibt an die faulen Knechte.
Kaum, daß er sich gedulden kann,
Das Gotteshaus zu schauen,
Da will er fürder beten dann,
Sein Grab sich selber bauen.

Indes die Knechte halten Rat,
Wie sie ihn möchten fassen,
Bereden sich zu schlimmer Tat,
Weil sie sein Strafen hassen.
Faulheit vor allem in der Welt
Ist wohl die ärgste Sünde;
Der Böse fest den Faulen hält,
Die alte Tück entzündet.

Reinold, der redlich ihnen traut,
Kam wieder da gegangen,
Beginnen die zu murren laut;
So sollt es nun anfangen:

Sie warfen nach ihm manches Stück,
Furchtsam ihn zu umklammern.
Bis endlich da er fällt zurück,
Da schlag'n sie ihn mit Hammern.

Als tot nun auf dem Rasen lag
Der fromme Herr im Blute,
Da fliehn sie wie vom Donnerschlag
Verrückt im wilden Mute.
Bauern des Weges fanden ihn,
Die ihn sogleich erkannten;
Erschrocken knien sie bei ihm hin,
Für ihn zu Gott sich wandten.

Prachtvoll ward er bestattet dann
Mit Singen und Geläute,
Die Fahne weht dem Zug voran
Der schwarzen Trauerleute.
Und in der schönen Fahne war
Auf buntem Schmuckgefilde,
In schwarzer Farbe, brennend klar
Roß Bayard abgebildet.

Panzer und Harnisch ziert den Sarg,
Den Helmbusch sieht man wehen
Am Steine, der den Helden barg,
Glöcklein und Stab daneben.
Und nun, wo er erschlagen war,
Auf dieser selben Stelle,
Ward nun errichtet ein Altar,
Man zeigt noch die Kapelle. (Köln)

Die kölnischen Funken

Köln, die alte freie Reichsstadt, hatte in früherer Zeit ihre eigenen Soldaten. Man nannte sie die „Funken“. Das tapfere, ehrenwerte Regiment besteht auch heute noch, ist aber nur mehr zu Karneval in Uniform zu sehen. Von den Heldentaten der Funken könnt ihr dann aus dem Munde der „Büttenredner“ manch feines Stückchen hören.

Einmal, so geht die Sage, kamen an einem heißen Sommernachmittag Leute von draußen in die Stadt gerannt und riefen: „Der Feind steht vor den Toren!“ Der Hauptmann wacht auf von dem Lärm, sucht schnell seinen Säbel, den er freilich in der Eile rechts statt links schnallt, springt ans Fenster und ruft dem Wachtposten vor seiner Tür zu: „Mach' dich bereit, Peter, jetzt geht's ans Würgen!“ Doch Peter ist betrunken und liegt schnarchend im Schilderhaus. Alle Mühe, ihn zu wecken, ist vergeblich. Eilig läuft der Hauptmann zur Funkenwache und schreit: „Heraus, heraus zur Schlacht!“ Aber der Köwes kommt ans Fenster, zwinkert mit den Augen und macht: „Pst, pst!“, winkt den Hauptmann heran und sagt: „Lärmt nicht so, die Wache ist eben weg zum Kaffeetrinken!“ Verzweifelt will der Hauptmann zu den Wällen rennen, da sieht er einen Soldaten vor seinem Haus in der Sonne sitzen. Der ist beim Strümpfestricken. „Ha,“ schreit er ihn an, „dir werd' ich kommen! Weißt du denn nicht, daß der Feind vor den Toren steht? Auf! Jetzt geht's ans Morden!“ „Verzeiht, den muß ich noch fertig stricken,“ sagt der und bleibt ruhig vor der Tür sitzen. Und der Hauptmann rennt weiter und stößt auf den Jupp. Der wankt aus einer Wirtschaft, und wie der Hauptmann ihn visitiert, findet er in der Patronentasche statt Pulver ein Kartenspiel und die Branntweinflasche.

Fort stürzt er zum Brückenkopf. Als er herankommt, ertönt in der Ferne ein Flintenknall. „Weh“, ruft der Franz, der die Wache hält,

„ich hab' genug; Gott schütz' mir Frau und Kinder!" und purzelt hin vor Schreck, als ob er schon das Blei im Leib hätte. Fort stürmt der Hauptmann zum Kaspar auf den Wall. Da hört man den Feind schon näher kommen; ja, es wird sogar geschossen, und der Kaspar, der so etwas nie erlebt hat, schreit hinab: „Laßt doch das Schießen sein! Seht ihr nicht, daß hier noch Leute stehn?" — Und wie der Hauptmann, blind vor Schreck, weiter über den Wall läuft, stolpert er über ein paar lange Beine und fällt hin. Da sieht er den Drückes im Gras liegen; der ruft: „O, Herr Hauptmann, ich bin schon tot." Der Hauptmann aber stöhnt, denn wie er hinstürzte, tat es an seiner Seite einen Knacks: Sein Säbel — und der war aus Holz — war zerbrochen; er aber glaubt, es sei eine Rippe und ruft: „Arm und Bein brach mir entzwei. Bringt mich zu Bett; es geht zu Ende. Oh, daß mir das gerade jetzt in die Quere kommen mußte, wo ich mir ewigen Heldenruhm erwerben wollte."

(Köln)

Richmodis von der Aducht

Es war ein großes Sterben zu Köln und starben der Leute in der Stadt so viele, daß man große Kuhlen machte und sie darein warf. Zu der Zeit wohnte im Hause zum Papageien auf dem Neumarkt Herr Mengis von der Aducht mit seiner Frau Richmodis; die wurde auch krank und starb, wie man meinte. Man trug sie auf den Friedhof zu St. Aposteln, und ihr Mann, der sie sehr lieb hatte, ließ ihr den Trauring am Finger. Das hatte der Totengräber gemerkt und kam des Nachts, scharrte die Erde vom Grabe wieder ab, tat die Lade auf und wollte der Frau den Ring vom Finger ziehen. Da begann sie zu seufzen und zu sprechen; der Totengräber, ganz entsetzt, ließ seine Laterne stehen und lief, was er konnte; die Frau aber richtete sich auf, nahm die Laterne und ging geraden Schrittes auf ihr Haus zu. Der Mann und alle seine Leute schliefen schon lange, da schellte es. Das Gesinde sprang auf und fragte, wer das wäre. Da antwortete die Frau, sie wäre es, sie sollten auftun und sie einlassen. Das Gesinde aber bekam große Angst und floh wieder zu Bett. Die Frau schellte wieder, niemand kam. Da schellte sie so oft und so lange, daß der Mann wach wurde und anfing, zornig das Gesinde zu rufen, warum es nicht aufstünde und nachsähe. Sie antworteten: „Lieber Herr, wir sind ja aufgewesen und haben gefragt, wer da wäre, und es hat uns gesagt, es sei unsere Frau, und wir sollten sie einlassen.“ „Ach,“ sagte Herr Mengis, „das ist unmöglich; eher würden meine Schimmel oben auf dem Heuboden stehen“. Kaum hatte er das Wort ausgeredet, da trampelte es auf der Treppe und auf dem Boden, und wie er hinsah, standen die sechs Schimmel alle oben beisammen. Und unten schellte es noch mehr und mehr. Nun ging der Herr selbst mit einer Kerze herunter und tat die Pforte auf, da stand seine Frau und sprach: „Ach lieber Hauswirt, erbarmst du dich nicht, daß ich so lang

hab stehen müssen, ausgeschlossen vor dem Haus, das doch unser beider ist von Gottes Gnade und läßt mich so elendig erfrieren?" Der Mann erkannte ihre Stimme und umfing seine liebe Hausfrau und machte Feuer an und Kleider warm und wußte nicht, was er alles vor Freuden tun sollte.

Den andern Tag aber schauten die Pferde noch aus dem Bodenloch, und man mußte ein großes Gerüst anlegen, um sie wieder lebendig und heil herabzubringen. Der Frau Richmodis aber half Gott, daß sie wieder ganz stark und gesund wurde und lebte danach lange Zeit rüstig und bekam noch drei Kinder. Zum Andenken dieser Geschichte hat man Pferde ausgestopft, die guckten aus dem Haus zum Boden heraus. Auch zeigte man in der Apostelkirche später lange einen leinenen Vorhang, den die Frau von der Aducht mit eigner Hand gesponnen und dahin verehrt hat, und in der Vorhalle, die jetzt schon lange nicht mehr steht, ein Bild, das die Geschichte der Frau Richmodis darstellte; und noch lange ging in der Stadt die Redensart: er macht ein Gesicht wie der Totengräber in Sankt Aposteln. (Köln)

Die Erscheinung Christi und die fromme Richmodis

Vor etwa drei Jahren ist die Jungfrau Richmodis gestorben. Sie kleidete sich weltlich, aber führte ein frommes, geistliches Leben. Sie fastete, betete, hatte Visionen, so daß sie an den Geheimnissen des Himmels teilnahm und öfter den König des Himmels mit seinen Bürgern sah.

Als sie am Tage nach Epiphanias in Walberberg der Mette beiwohnte und die Äbtissin das zwölfte Responsorium anstimmte: „Wie eine Taube", fiel jene wachend und betend in Verzückung und sah Christus, das Kind, in Tücher gehüllt und in der Wiege liegend. Um ihn schwebte ein luftiger Baldachin gleich einem Regenbogen. Auf beiden Seiten standen viele Engel, die mit erhobenen Händen das Kind anbeteten und ihre Blicke nicht von ihm wandten. Und als man an die Stelle kam: „Eine Stimme vom Himmel erscholl", da hörte jene begnadete Frau, der in diesem Augenblick die irdischen Sinne fehlten, nicht den Konvent, sondern den Vater, der sprach: „Dies ist mein lieber Sohn, an dem ich Wohlgefallen habe." Es war aber Gottes Sohn so schön und des Vaters Stimme so süß, daß man sie nicht beschreiben kann. Als ich sie fragte, wie die Engel ausgesehen hätten, erwiderte sie: „Sie haben menschliche Gestalt, ihr Gesicht gleicht denen von Jungfrauen, ihre Wangen roten Rosen und ihre andern Glieder sind weißer als Schnee."

(Köln)

Der einfältige Werinbold

An der Kirche des heiligen Gereon zu Köln lebte zu unseren Zeiten ein Kanonikus Werinbold, von edlem Herkommen und reich durch seine Pfründen. Er war so einfältig, daß er nicht zusammenzählen konnte, sondern nur nach gleich und ungleich zählte. Als er einmal viele Schinken in seiner Küche hängen hatte, zählte er sie, auf daß ihm keiner abhanden käme, in folgender Weise: „Schinken und Nachbar, Schinken und Nachbar usw." Als nun einer von einem diebischen Knecht gestohlen wurde und der Kanonikus die Schinken auf seine Art zählte, merkte er, daß ihm einer abhanden gekommen war. Auf seine Klage erwiderten die Knechte, der Schinken werde sich wiederfinden, und als er weggegangen war, machten sie die Gesamtzahl wieder gleich, indem sie noch einen wegnahmen. Als der Kanonikus sie nunmehr wieder gleich fand, sprach er höchst vergnügt: „Ei, ihr Herrn, es ist gut, daß ich nicht lange geschwiegen habe."

Wenn seine Leute sich einen guten Schmaus machen wollten, sagten sie zu ihm: „Herr, warum pflegt ihr euch nicht besser? Ihr seid sehr schwach!" Antwortete er darauf: „Woher wißt Ihr das?", so erwiderten sie: „Wir sehen es an Euern Haaren, die zu Berge stehen." Dann brachten sie ihn zu Bett und schmausten von den Speisen, die für den angeblich Kranken angerichtet wurden.

Als nun ein böser und schlauer Bauer, der von alters her ein Höriger der Familie Werinbolds war, von dieser Einfältigkeit vernahm, sagte er zu ihm: „Ich ertrage es nicht länger, daß Euer Vermögen so vergeudet und verschlampt wird. Ich bin Euer Mann. Es gehört sich, daß ich Euer Edeln diene und Euch Euer Vermögen schütze." Und alsbald ward ihm alles anvertraut. Nun saß er nachts, während sein Herr schlief, mit den Knechten am Feuer und kneipte mit ihnen. Als er einmal

einen Spielmann eingeladen und dieser den Herrn mit süßem Geigenspiel aufweckte, erhob sich jener, aber schon lief ihm einer der Knechte entgegen und fragte ihn: „Wo wollt Ihr hin, Herr?“ Werinbold antwortete: „Ich höre eine süße Melodie, aber ich weiß nicht, woher sie kommt.“ Der Knecht erwiderte: „Legt Euch nieder, Herr, die Mönche in Deutz singen zur Orgel.“

Mit Gottes Willen ward er bei Sankt Gereon zum Verwalter der vielen und reichen Einkünfte bestellt, und Gott, dem seine Einfalt lieb war, half seiner Schwäche und segnete alles, woran er Hand anlegte. Als er einst den Kornspeicher besuchte und einige Katzen zwischen dem Getreide herumlaufen sah, konnte er kaum die Stunde des Kapitels erwarten, warf sich dem Dechanten zu Füßen, bat, man möge ihn seines Amts entheben und ihm die Schlüssel nehmen. Als der Dechant und die Brüder antworteten: „Lieber Herr Werinbold, was ist Euch und was tut Ihr?“ entgegnete er: „Ich kann den Schaden, den die Kirche leidet, nicht dulden. Ich habe heute mehrere Katzen auf dem Speicher gesehen, die unser ganzes Getreide auffressen.“ Obgleich sie sagten: „Katzen fressen kein Getreide, sondern schützen es“, erreichten sie kaum, daß er sein Amt weiterführte. Sie hatten es nämlich erprobt, daß der Herr sie um seiner Einfalt willen segnete.

Als er ein andermal allerlei Münzen aus verschiedenen Einkünften eingenommen hatte, stahl ihm ein Knecht einen Teil und entfloh. Da klagte Werinbold bitterlich und sagte zu denen, die ihn trösten wollten: „Ich weine nicht um des Verlustes, sondern der Gefahr willen. Er hat die Denare nicht geschenkt bekommen. Der Arme wird gefaßt und wenn man ihn hängt, so bin ich an seinem Tode schuldig.“ (Köln)

Die Geistermesse

In einer Winternacht, kurz nach zwölf Uhr, verließ ein Kölner Kaufmann das Haus seines Freundes, und als er an der Kirche St. Maria am Kapitol vorbeikam, deuchte es ihn, als höre er Orgelspiel und Gesang — und zwar in so wunderbarer Schönheit, daß es ihn anzog mit einer Kraft, der er nicht widerstehen konnte, so daß er sich bald schon inmitten der Kirche befand unter viel Männern und Frauen, die knieten und beteten, immer umspielt von der heiligen Musik, so daß er wohl der Meinung war, niemals eine so wunderbare Messe gefeiert zu haben.

Aber war es nicht Mitternacht? War es Traum oder war er wirklich in der Kirche St. Maria am Kapitol? Er wußte es kaum, bis er wie erwachend aufstand und alle Anwesenden zu seiner Überraschung in ganz sonderbaren Gewändern, Kleidern und Mänteln aus vergangener Zeit um sich her erkannte. Und waren es nicht Gestalten, waren es nicht Kleider, wie man sie sah auf den alten Bildern, wie sie in großer Zahl und wunderbarer Schönheit in den Kirchen und Häusern der heiligen Stadt hingen? „Ite missa est!“ sprach der Priester — und nun, wie er meinte, mit hohler, lebloser Stimme. Und der alte Herr im schwarzen Mantel mit weißem Mühlsteinkragen, der neben ihm kniete und nun aufstand, sagte mit dumpfer Stimme: „Es ist jetzt Zeit, nun geh“, was unsern Bürger so erschrak, daß er, den Segen nicht abwartend, wie gehetzt aus der Kirche lief und auf der Straße stand, als die Uhr eins schlug, die Tür dröhnend ins Schloß fiel und alle Lichter erloschen. Und als niemand aus der Kirche kam, da wußte er, daß er dem Gottesdienst der Geister beigewohnt hatte. Die Gestalten der alten Bilder waren zur heiligen Messe versammelt gewesen. — Aber der Mann war froh, als sich die Tür seines eigenen Hauses hinter ihm geschlossen hatte und er sich nach diesem Spuk wieder ganz in die Wirklichkeit des Lebens zurückfand. (Köln)

Der reumütige Wucherer

Noch heute ist in Köln in vieler Munde, was sich mit einem Wucherer zugetragen hat, der in der Kirche des heiligen Märtyrers Gereon begraben liegt. Er war reich und habsüchtig gewesen, aber dann traf ihn die Barmherzigkeit Gottes. Er ging zum Priester, beichtete und versprach, um Gott für seine Sünden genugzutun, all sein Gut den Armen zu geben. Der Priester antwortete: „Schneide von deinem Brot milde Gaben ab, lege sie in eine Truhe und verschließe diese.“ Als er am andern Morgen die Truhe öffnete, fand er darin statt des Brotes Kröten. Da sagte der Priester: „Siehst du nun, wie Gott die Liebesgaben eines Wucherers gefallen?“ Er antwortete: „Herr, was soll ich tun?“ Der Priester erwiderte: „Willst du deine Seele retten, so lege dich diese Nacht nackt unter das Gezücht.“ Das ward ein Fall von wunderbarer Reue. Der Sünder scheute sich zwar vor einem solchen Lager, doch um den ewigen Würmern zu entgehen, aus Furcht vor ewiger Verdammnis und aus Himmelssehnsucht, bettete er sich nackt zu den Kröten. Der Priester aber verschloß die Truhe und ging.

Als er sie am folgenden Tage wieder öffnete, fand er ein Gerippe darinnen. Es wurde in der Vorhalle von St. Gereon beigesetzt und noch heute heißt es: keine Kröte könne diese Stelle betreten, ohne zu sterben.

(Köln)

Der wertvollste Schatz

Das stattliche Schloß Hochstaden im Tal der Erft ist von unversöhnlichen Feinden lange Zeit hindurch belagert gewesen. Die reisigen Schloßbewohner aber haben nächtliche Ausfälle gemacht, wobei sie die Hufeisen verkehrt unter die Hufe ihrer Pferde angeschlagen hatten, so daß sie die im Hinterhalt lauernden Belagerer täuschten, daß diese sie ferne gesucht, wenn sie heimgeritten waren und daheim vermeinten, wenn sie draußen gewesen, um die Burg mit Nahrungsmitteln zu versorgen. Endlich aber vermehrte sich die Zahl der Belagerer so, daß sie die Burg dicht umschlossen und niemanden herein oder heraus ließen. Da hat es die Hungersnot den Belagerten angetan, daß sie sich ergeben mußten.

Die gute Gräfin von Hochstaden war eine gar milde, fromme, allbeliebte Frau und sogar eine Verwandte der erbittertsten Feinde des Grafen, die geschworen hatten, das ihnen verhaßte Schloß der Erde gleich zu machen und keinen Stein auf dem andern zu lassen. Diese Gräfin sandte eine Botschaft zur gütlichen Unterhandlung in das feindliche Lager und erwirkte im Kriegsrate die Vergünstigung, daß sie mit ihren wertvollsten Schätzen, soviel sie davon zu tragen vermochte, abziehen könne, jedoch eine Meile Weges ohne nur um- und aufzuschauen sich sofort entfernen müsse, um dieses freien Abzuges teilhaft zu werden.

Als der Vertrag also geschlossen war und das Tor sich zum freien Abzuge der Gräfin öffnete, siehe! da trug sie ihren Gemahl auf dem Rücken und von ihren Kleinodien in der Schürze soviel, als sie fortbringen zu können vermeinte und schritt tapfer durch die Umzingelung der Feinde, die sich höchlich darob verwunderten und nicht alle damit einverstanden waren, daß der ihnen verhaßte Graf also entschlüpfen sollte. Aber das deutsche Wort war einmal gegeben, und da ihr die Wahl gelassen war, was sie hinaustragen wollte, so mußte man sich das gefallen lassen.

Die deutschen Frauen waren damals kräftiger als heutzutage, sonst hätte sie die Reise wohl nicht ausgehalten. Als sie nun eine Meile Weges gegangen war, da setzte sie ihren geretteten Grafen auf den Grund, und zum Andenken an die überstandene Not und zum Danke für die Muttergottes, die sie zum Beistand nicht vergeblich angerufen hatte, bauten die Gatten der schmerzhaften Mutter (Not Gottes) eine Kapelle und bauten in deren Nähe ein neues Grafenschloß zu ihrer Wohnung, welches Schloß sie aus angedeutetem Grunde Nothausen nannten, welchen Namen das im Schutze des Kirchleins und des Schlosses entstandene Dorf noch heutzutage führt, nachdem das Schloß altershalber zusammengestürzt war und die letzten Mauern desselben, die von großer Pracht zeigten, noch vor einigen Jahren abgebrochen worden.

(Erft)

Der sonderbare Hase

Das ist die Geschichte von der Bestemoder, die sich verwandeln konnte. Sie ist mit ihrem Enkelkinde auf dem Felde und sieht vom Wald den Jäger kommen — o, den sie wohl erkannte. Was hatte er ihr getan? Denn Bestemoder zitterte am ganzen Leibe, als sie ihn sah. „Hund du, Hund du…" war ihr Wort, so daß das Kindlein ihr zur Seite erschrak. Und indem es die Bestemoder ansehen wollte, war sie auch schon nicht mehr da, aber es lief ein Hase übers Feld, den der Jäger sah und schoß, und er schoß wieder und lud wieder und schoß und lud und schoß.... und jedesmal warf der Hase sein Hinterteil in die Höhe, so, als wenn ein Mensch etwas dabei sagen würde und lief wieder weg, bis der Jäger vor Schrecken innehielt und erkannte, daß da etwas nicht in Ordnung war.

„Bestemoder, Bestemoder loof,
Der Jäger schühß dech duhd...."

hatte das Kind gerufen, und indem der Jäger heimwärts ging, schlotterten ihm die Knie noch, und er war so krank, daß er sich mit heißem Fieber gleich ins Bett legen mußte. Bestemoder war aber bald wieder auf dem Felde bei ihren Rüben, so, als wenn nichts gewesen wäre. „Domme Kähl, kann noch nit ens ene Has schete", und ihrem Enkelkinde schlug sie eins hinter die Ohren: „Du heß wall keen Ogge, ech ben de janze Tid bi dech gewest...."

Aber der Jäger war am andern Tage tot. Bestemoder wußte wohl, welche Kraft von ihr ausging, selbst wenn sie nur ein Hase war, der übers Feld hinlief. (Gülchrath bei Grevenbroich)

Die Schlacht bei Zülpich

Chlodwig, der Frankenkönig, kämpfte gegen die Alemannen. Der Tag war heiß und wild, und je näher es zum Abend kam, um so mehr schwand die Zuversicht und mit ihr die Kraft und die Begeisterung des Kampfes. Und der stolze König, der so oft das Gebet seiner Gemahlin zu einem unbekannten Gott der Liebe verspottet hatte, mußte es in großer Angst und Sorge fühlen, daß der Waffen und des Armes Gewalt versagten, daß, wenn es eine Kraft über diese hinaus gäbe, nur sie noch retten könne; denn immer mehr wichen die Seinen zurück, immer bedrohlicher wurde der Feinde Vorwärtsschreiten.

Und da geschah es, daß die Mannen ihren König aus dem Getümmel herausreiten sahen. Auf einem Hügel sahen sie ihn hoch zu Roß mit seinen Armen inbrünstig zum Himmel weisen; und indem es ihnen bewußt ward, daß er zu einer andern Macht flehte, deren Altäre er bisher verbrannt hatte, da machte es sie einen Augenblick still, einen Augenblick lang ward Ruhe im Getümmel der Schlacht, und als sie alle miteinander noch zweifelnd, aber voll Erwartung stille standen, da zerriß der Wolken dunkle, dichte Hülle, und ob es auch Abend war: Ein Glanz, heller, als der hellste Mittagsstrahl, drang hervor, überflutete das Land, daß es wie ein Wunder in ihnen ward, als sei dieses Licht in sie selber stärkend hineingeflossen, so daß nach einem mutigen neuen Ansturm der Feinde Macht gebrochen war.

Was Chlodwig still gelobt, erfüllte er: Er ließ sich taufen und führte die Religion Christi in seinem ganzen Lande ein.

(Zülpich)

Die Stadt Gression

Als der Bauer in der Stille eines ersten warmen Frühlingstages, da die Welt in Sonnenlicht wie eingesponnen war, beim Pflügen auf dem Acker mit der Pflugschar an etwas Hartes stieß, das sich löste, begann aus der so geöffneten Tiefe ein Läuten, also wunderbar, daß er staunend stand, hingegeben dem wie überirdischen, himmlischen Klang. Und als er grub und gar nicht tief zu graben brauchte, da stieß er an die Spitze eines Kirchturms, die er schnell wieder überschüttete, weil es Unglück bringt, Untergegangenes aus der Tiefe wieder auszugraben.

Es war aber, daß sie am ersten Ostermorgen wiederum dort das wunderbare Klingen hörten. War es aus der Tiefe? War es fern, unendlich fernher? Konnten es die Glocken der heiligsten aller Kirchen sein, zu der aller Menschen Sehnsucht ging, der Peterskirche der heiligen Stadt?

Und hier und dort im Jülicher Land vernimmt man in stillen, besonders heiligen Stunden jenes wunderbare Läuten, das, wie die Leute sagen, doch aus der Tiefe kommt: An den stillen Weihern und ruhenden Gewässern läuten zum heiligen Fest die Weihnachtsglocken von unten her, aus der versunkenen Stadt Gression, die (— ach, wer weiß vor wieviel Jahren — durch die Türken oder die Franzosen ... ? durch Gottes Gericht oder auf welche Weise denn —) unterging.

Die Stadt, so groß wie keine auf der Welt. Von Aachen bis Köln, von Düren bis Jülich, wenn auch in Abständen die Häuser standen, so doch war es e i n e Stadt ... Und der Sand von ihren Mauern war schwer von glänzendem Gold. Und selbst die Mauersteine waren mit Blumen geziert, behauen und jeder ein Kunstwerk für sich. Die Stadt mit ihren Domen, deren Glocken immer noch läuten, — und immer noch gräbt der Landmann oder Maurer Teile, Pfannen oder Steine aus der Erde, die Jahrhunderte lang das gestorbene Leben überdeckte.

Ja, selbst die Türken haben sie nicht erobern können. Der türkische General habe wiederkommen wollen mit einem so großen Heer, daß der größte Fluß, der der Stadt zur Seite floß und heute nur noch ein Bächlein ist, von den Pferden seiner Reiter ausgesoffen würde, damit sie trocken hindurch gehen könnten.

„Zu Gression
Am Omerstrom
Ward eine blutige Schlacht geschlagen ..."

(Zaunert)

so soll ein Lied begonnen haben, das die Leute im Wechsel und Geschehn der Zeiten vergaßen.

Ob doch die Türken einmal stärker waren und deshalb die Stadt vernichtet wurde ... ?

Kinder spielen am „Kirchwasser". Es weht ein leiser Wind, der die Wellen lieblich kräuselt und das Ufergras und Schilf leise schön durchsingt. Es ist blauer Sommerhimmel, an dem Wölkchen weiß und leicht segeln in die Unendlichkeit ... Die Kinder sind still geworden. „Hört ihr? die Glocken?" Sie horchen weit und tief hinein in den See. Ist das nicht wie Gold, was aus der Tiefe leuchtet?" Glocken und Gold der untergegangenen wunderbaren Stadt ... die nie vergessen wird, weil immer die Menschen Sehnsucht haben und das Geheime suchen und lieben, das sie immer wieder deuten, ob sie es auch nie und nie verstehen.

(Gressenich)

Roland (Klein-Roland)

Zu Seite 171

Der Wolf und der Tannenzapf

Zu Aachen im Dom zeigt man an dem einen Flügel des ehernen Kirchentores einen Spalt und das Bild eines Wolfes nebst einem Tannenzapfen, beide gleichfalls aus Erz gegossen. Die Sage davon lautet: vor Zeiten, als man diese Kirche zu bauen angefangen, habe man mitten im Werk einhalten müssen aus Mangel an Geld. Nachdem nun die Trümmer eine Weile so dagestanden, sei der Teufel zu den Ratsherrn gekommen, mit dem Erbieten, das benötigte Geld zu geben, unter der Bedingung, daß die erste Seele, die bei der Einweihung der Kirche in die Tür hineinträte, sein eigen würde. Der Rat habe lang gezaudert, endlich doch eingewilligt und versprochen, den Inhalt der Bedingung geheim zu halten. Darauf sei mit dem Höllengeld das Gotteshaus ausgebaut, inmittelst aber auch das Geheimnis ruchbar geworden. Niemand wollte also die Kirche zuerst betreten, und man sann endlich eine List aus. Man fing einen Wolf im Wald, trug ihn zum Haupttor der Kirche, und an dem Festtag, als die Glocken zu läuten anhuben, ließ man ihn los und hineinlaufen. Wie ein Sturmwind fuhr der Teufel hinterdrein und erwischte das, was ihm nach dem Vertrag gehörte. Als er aber merkte, daß er betrogen war und man ihm eine bloße Wolfsseele geliefert hatte, erzürnte er und warf das eherne Tor so gewaltig zu, daß der eine Flügel zersprang und den Spalt bis auf den heutigen Tag behalten hat.

Zum Andenken goß man den Wolf und seine Seele, die dem Tannenzapf ähnlich sein soll, in Erz. (Aachen)

Kaiser Karl kehrt heim

Im Dome zu Aachen steht ein Stuhl, der ist elfenbeinern, daran ist uraltes Bildwerk zu erschauen, und das ist der Stuhl Kaiser Karls des Großen.

Als zu einer Zeit der starke Held auszog in das Heidenland, die Heiden zum Christentum zu bekehren, schied er sich von seinem Ehegemahl und gab ihr auf, seiner in Züchten zu harren zehn Jahre lang; käme er dann nicht zurück, so wäre sein Tod gewiß. Werde er ihr aber einen Boten mit seinem Ringlein senden, dann sollte sie dem vertrauen und tun, was er ihr entbieten ließe.

Neun Jahre und viele Monde darüber stritt und siegte Kaiser Karl im Ungarlande gegen die Heiden, und daheim hielten sie ihn für tot. Und weil das Land keinen Zuchtherrn hatte, erhob sich um Aachen und gegen den Rhein eitel Raub und Mord und Brand. Da traten die Räte zu der Herrin, Karls Gemahlin, und lagen ihr an, einen andern Herrn und König zu erkiesen, damit das Land nicht zugrunde gehe. Lang weigerte sich die Frau, weil ihr noch kein Wahrzeichen gesendet war; aber endlich, da die Herren und Räte allzumal heftig in sie drangen, ließ sie es zu, daß ihre Vermählung mit einem reichen König anberaumt wurde. Und es kam die Zeit heran, daß nur noch drei Tage waren vor der Hochzeit, welche festlich begangen werden sollte.

Da sandte Gott der Herr einen seiner Boten ins Lager nach dem Ungarland, der sagte Kaiser Karl an, was sich daheim begebe, und sprach zu ihm: „Rüste dich und reite heim; binnen dreien Tagen ist Hochzeit." — „Wie soll ich reiten", fragte Karolus, „in dreien Tagen hundert Tagereisen weit und darüber?" — „Reite, und Gott wird mit dir sein!" sprach der himmlische Bote. Und da gewann der Kaiser ein gutes Roß, damit ritt er an einem Tag von Raab bis gen Passau. Dort gewann er ein frisches Roß und kam gen Aachen vor das Burgtor, und Gott war mit ihm. Ganz Aachen war schon ein Sang und ein Schall von eitel Hochzeitsglanz und Klang, denn andern Tages sollte die Hochzeit sein und die Trauung früh im Dom. Da ging Kaiser Karl bei guter Zeit, da es noch Nacht war, in den Dom, setzte sich auf seinen elfenbeinernen Stuhl und legte sein großes Schwert quer über seine Kniee, saß allda ganz ruhig wie ein Steinbild und ruhete von seinem weiten Ritt.

Da kam zuerst der Meßner in den Dom, der trug die Bücher vor und beschickte die Altäre und steckte Kerzen auf. Und mit einemmale sah er auf dem Kaiserstuhle einen greisen Mann sitzen in ernster Stille und mit blankem Schwert. Da kam ihn ein Grauen an, und er ging und sagte es den Domherrn an. Die wollten solche Mär nicht glauben; denn auf dem Stuhle durfte niemand sitzen, er wäre denn Kaiser. Sie kamen daher mit Licht, und der kühnste unter ihnen nahte dem Stuhle unerschrocken. Aber als er den Mann darauf sitzen sah, so still und wie steinern, entfiel der Leuchter seiner Hand, und er zitterte und entwich aus der Kirche und sagte dem Bischof von dem Ereignis.

Der Bischof nahm sogleich zwei Kerzenträger der Kirche, ließ die vorangehen mit brennenden Kerzen und folgte ihnen hin zum Kaiserstuhle. Da sah er den Greis da sitzen, und er hub bänglich an zu sprechen: „Sag an, wer bist du, Mann, und durch wessen Gewalt unterfängst du dich, diesen Stuhl zu behaupten? Weißt du nicht, daß dieses der Sessel ist unseres Herrn und Kaisers?" — Darauf erwiderte der Kaiser: „Wie du sagst, so ist es. Da ich noch Kaiser Karl hieß, war ich Euch allen wohlbekannt; da durfte keiner diesen Stuhl mir wehren!" Und er erhob sich, und stand vor dem Bischof in seiner stattlichen Größe, eines Kopfes höher als der größte Mann, und der Bischof rief frohlockend aus: „Seid Gott willkommen, mein kaiserlicher Herr! Segen sei mit Eurer Wiederkunft!"

Da läuteten von selbst alle Glocken. Des erschraken die Hochzeitsgäste und zogen eilend von dannen. Und der Bischof bat für die Kaiserin und sagte, daß sie gedrungen worden sei. Da verzieh ihr Karolus gerne und gab ihr seine Huld zu erkennen; denn er liebte sie unabänderlich und konnte nimmer von ihr lassen. (Aachen)

Der Bürgelwald

Als Kaiser Karl auf seinem Hofe Genetzweiler bei Düren wohnte, alle Jahre ein paar Wochen lang, um im Bürgelwald zu jagen, spielte der fromme Sänger Arnold den Rittern zur Harfe auf, wenn sie nach des Tages Anstrengungen beim Weine fröhlich waren. Und es war allemal bei diesem frohen Singen des Sängers Herz betrübt, weil er der Armen dachte, die rings in den Dörfern wohnend, kaum ihr Leben hatten, und deren bleiche Kinder einem frühen Tode verfallen waren.

Als einmal bei seinem Spiel und Lied der Ritter Herzen weich geworden waren und sonderlich des Kaisers Augen glänzten im Tränenschimmer tiefster Herzensrührung, faßte er sich den Mut, um die Gnade zu bitten, daß ihm der Kaiser ein Stück des Waldes, in dem er jagte, zu eigen gebe, und zwar soviel, als er während der Zeit der Abendtafel des Kaisers umreiten könne. Der war froh bereit, das schnellste Pferd sollte ihm gesattelt werden. Jedoch schneller als dies geschah war Sänger Arnold, der auch ein Ritter und ein Reiter war, auf eigenem Pferde auf und davon. In jedem Dorf stand ihm ein frisches Pferd bereit, und indem er mit dem Schwert die jungen Äste von den Bäumen hieb, um so den Weg seines Rittes zu bezeichnen, war er trotzdem schneller als der Kaiser gedacht und noch vor Beendigung der Abendtafel zurück, so daß der Kaiser lächelnd, aber ein wenig bedauernd, sprach, daß er nicht viel Wild in seinem Wald erlegen werde, worauf ihm Arnold sagte, wie er es eingerichtet habe, daß von ihm der ganze Forst umritten sei. Da schaute der Kaiser doch etwas besorgt und traurig drein. Arnold wußte, daß es nicht wegen des Waldes war, sondern weil er fürchte, sich in seinem treuen Sänger getäuscht zu haben, von dem er nicht gern glauben mochte, daß er habgierig und listig sei. „Nicht für mich,“ rief da Arnold wie entschuldigend aus, „aber für die Armen hierzulande, deren Leid so groß ist,

daß ich ihnen helfen mußte. Jeder soll sich im Walde so viel Holz suchen, als er braucht, um die größte Not zu wenden". Und ob dieser Nachricht leuchtete des Kaisers Auge wieder wie bei des Sängers wunderbarem Spiel. Das war ein schöneres Spiel als Harfenmusik, ein Spiel und Lied der Liebe und der frommen Tat. Und ergriffen streifte der Kaiser seinen Ring vom Finger und gab ihn Arnold als Zeichen dafür, daß der Wald sein eigen sei. Arnold aber schenkte seinen Wald den neunzehn Dörfern, die ringsum lagen und deren Nachkommen den Namen des frommen Sängers bis heute nicht vergessen haben. (bei Düren)

Roland

Siehe Bild auf Seite 168 und 176

Das war Roland, der Junge, des starken Kaisers Karl Neffe, der sich nicht fürchtete, sondern frisch und dreist in des Königs Burg hineinging, in seinen Herrensaal, und Wein und Braten, Fisch und Früchte von seinem Tische trug, um sie seiner Mutter, des Kaisers verbannter Schwester zu bringen, die verlassen und einsam im Walde in der Felsenkluft wohnte und nichts zu eigen hatte, als Roland, ihr geliebtes Kind.

Als der Kaiser fragte, für wen er denn das alles hinaustrüge, ahnte er nicht, daß „die hohe Dame", von der der Junge sprach, seine Schwester selber sei. Aber als sie nun, nachdem er sie hatte holen lassen, in den Saal hineintrat (es war ihm nur um einen Scherz gewesen, den er mit dem Knaben treiben wollte), erschrak er tief und wurde ernst, vergab ihr und freute sich von Herzen, daß durch diesen Zufall alles wieder gut geworden war.

Und Roland der Schildträger dann ...: Die Recken waren hinausgezogen, der Vater Milon hatte seinem Jungen erlaubt, hinter ihm her zu reiten; alle wollten den Riesen erschlagen tief im Ardennerwald und ihm das leuchtende Kleinod aus seinem Schilde entreißen ... Und als der Vater schlief und Roland, der Sohn, das Kleinod durch den Wald blitzen sah, da hielt es ihn nicht: er sprang auf, wich dem Schlag des Riesen aus und stach ihm ins Knie, daß er niederfiel, hieb ihm das große Haupt vom Rumpf und tauschte das Kleinod in Vaters Schild mit dem des Riesen.

Roland, Kaiser Karls stärkster Ritter hernach und auch sein edelster Freund! In Spanien ist er gestorben. Kaiser Karl war mit seinem Heere auf dem Heimweg und Roland mit seinen Mannen noch zurück, die Nachhut zu führen. Als die Heiden angriffen, ward ein schlimmer Kampf gegen 400fache Übermacht, und schließlich, als alle Ritter und Edlen gefallen waren, blieb Roland allein. Die Heiden waren geflohen, aber auch er war schwach und fühlte den Tod. Sein tapferes Schwert Durendal neben sich, sank er ins Gras. Mit letzter Kraft, daß ihm die Adern aufgebrochen waren, hatte er auf seinem Horn Olifant geblasen, daß sein Klang den Kaiser erreichen solle, der es wirklich bis weit ins Frankenreich hinein gehört hatte und dann umkehrte, Roland aber nur noch als Leiche fand.

So aber erzählt das alte Heldenlied:

Graf Roland ficht, wie nur ein Edler ficht.
Er glüht und steht in Schweiß; ihm schmerzt der Kopf,
Beim Blasen brach die Schläfenader auf,
Doch wissen muß er, ob der Kaiser kommt,
Bringt Olifant zum Mund, doch matt nur hallt der Ton.
Der Kaiser hält das Roß: bleibt still und horcht:
„Ihr edlen Herrn, ein Unheil ist uns nah!
Mein Neffe Roland fehlt von heute uns;
Ich hör an seinem Ruf, er lebt nicht lange mehr.
Wer zu ihm will, der eile, was er kann.
Blast! Blast! Die Hörner blast des ganzen Heers!“
Und sechzigtausend Hörner gellen laut,
Es dröhnt der Berg und wiederhallt das Tal.
Die Heiden hörens und sie lachen nicht,
Sie raunen: „Hört, der Kaiser! Kaiser Karl!“
Die Heiden schrein: „Der Kaiser kommt zurück,
Die Hörner hört ihr schon des Frankenheers!
Kommt der zurück, uns allen geht es schlecht.
Wenn Roland lebt, erneuert er den Krieg,
Und unsere Heimat Spanien ist hin.“

Vierhundert rotten sich, mit blankem Helm bewehrt,
Die tapfersten des ganzen Heidenheers,
Zu letztem Schreckenssturm auf Graf Roland.
Graf Roland liebt den Kampf, heut hat er Kampf genug.
Als er sie kommen sieht, fühlt er sich wieder stark,
Nein! er ergibt sich nicht, so lang er lebt,
Und sterben wird er, aber fliehen nicht!
Sitzt fest auf Veillantif, gibt dem die goldnen Sporen
Und sprengt ins dichteste Getümmel ein,
Dicht neben ihm der Erzbischof Turpin.
Da schrein die Heiden: „Freunde fort und flieht,
Der Franken Hörner haben wir gehört,
Karl kommt zurück, der Mächtige kommt zurück."
Mattherzige hat Graf Roland nie geliebt,
Auch nicht, die stolz und niedrig-feigen Sinns,
Den Lehnsmann nicht, der nicht die Treue hält.
So ruft er jetzt zum Erzbischof Turpin:
„Ihr seid zu Fuß, ich habe noch ein Pferd,
Ich warte hier. Kommt nah an mich heran,
Zusammen stehen wir, ob bös, ob gut,
Um keinen, der von Fleisch und Blut, verlaß ich Euch!
Die Hiebe geben wir den Heiden noch zurück,
Der Durendal führt heut den besten Schlag!"
„Wer heute nicht sein Bestes tut, verdammt!"
Sagt Turpin nur, „s'ist unser letzter Sturm,
Der Kaiser kommt, der wohl uns rächen wird."
Die Heiden schrein: „Verdammt unsere Geburt!
Was für ein Unglückstag brach heute für uns an.
Die Fürsten sind gefallen und die Pairs,

Zurück kommt Kaiser Karl mit allem Heer,
Schon hören wir die Hörner seines Zugs,
Von fern her hallt ihr Schlachtschrei schon zu uns,
Kein Mensch von Fleisch besiegt den Graf Roland,
Beschleudert ihn von fern; laßt ihm das Feld."
Und so geschiehts: Wurfspieße, Lanzen prasseln,
Und Dolche, Keulen, Pfeile leichtbefiedert,
Der Schild wird ihm durchlöchert und zerstückt,
Sein Panzerhemd zerfetzt, die Ringe liegen bloß,
Doch noch hat kein Geschoß ihn selbst verletzt.
Veillantif, der an dreißig Stellen wund,
Stürzt sterbend unter seinen Schenkeln hin.
Sie fliehn, und Roland bleibt zu Fuß zurück.
„Roland hat uns besiegt" so schreien sie,
„Hört die Trompeten ihr? Der Kaiser kommt!
Des Todes ist, wer ihn erwarten will,
So viele Könige unterwarf er sich,
Marsilies hält nimmer vor ihm stand,
Und unsere Heimat Spanien ist hin,
Wenn nicht der Emir uns zu helfen kommt."
So fliehn sie zornig gegen Spanien zu,
Graf Roland bleibt zurück, verfolgt sie nicht, — —
Graf Roland fühlt, ganz nah ist ihm der Tod,
Aus seinen Ohren dringt das Hirn hervor.
Er fleht zu Gott: „Nimm meine Pairs zu dir,

Dir, Engel Gabriel, befehl ich mich."
Dann nimmt er in die eine Hand den Olifant
Und in die andre Durendal, sein Schwert,
Man soll nach seinem Tod ihm keinen Vorwurf machen.
Geht einen Steinwurf weit nach Spanien zu,
Auf eine Höhe mit zwei schönen Bäumen,
— Vier Marmorstufen steigst du zu ihr auf —
Hier wird er schwach und stürzt ins grüne Gras.
Die Berge starren auf! Die Bäume ragen hoch:
— Vier Stufen marmorleuchtend steigst du auf —
Im Grase liegt Roland besinnungslos,
Ein Heide, der im Kampf sich tot gestellt,
Mit Blut besudelt Körper und Gesicht,
Hat ihn erblickt und läuft an ihn heran.
Schön war er, stark. In frechem Übermut
Betatscht er Rolands Leib und seine Waffen, schreit:
„Besiegt ist nun der Neffe Kaiser Karls,
Mit nach Arabien nehme ich sein Schwert."
So schreit er frech und hälts in seiner Faust.
Am Barte zieht er ihn, davon wacht Roland auf.
Sein Schwert fühlt er nicht mehr, er schlägt die Augen auf:
„So viel ich seh, gehörst du nicht zu uns"
Und trifft mit Olifant ihn auf den Kopf,
Zerknickt den goldgeschmückten Helm, zerknirscht
Den Stahl, den Knochenschädel ihm,
Spritzt ihm die Augen beide aus dem Kopf
Und stößt ihn tot zu seinen Füßen hin.
„Du Schuft," stößt er hervor, „wer machte dich so frech,
Daß du mich angerührt? Wenn du das einem sagst,

Roland (Roland-Schildträger)

Der hält dich für verrückt! — Zerbrochen ist
Mir Olifant dabei.... Des Schallhorns Gold,
Der Steine Schmuck ist hin."
Graf Roland fühlt, es fordert ihn der Tod,
Er stellt sich auf, ermannt sich, was er kann,
Entfärbt steht er, hält Durendal ganz nackt,
Und schlägt ihn zehnmal in den braunen Fels.
Es knirscht der Stahl, doch bricht und schartet nicht.
In schmerzensvoller Angst sagt er: „Hilf mir, Maria!
Mein guter Durendal! Wenn ich von dir erst fort,
Sorg ich nicht mehr für dich. O manche Schlacht
Hast du für mich gekämpft, erobert manches Land,
Für Karl den greisen, mit dem weißen Bart.
Ich will nicht, daß ein Lump dich nach mir führt,
So lang ich bin, nimmt man dich mir nicht fort,
Hast lange einem Kriegsmann angehört,
Wie ihn nicht wieder sieht das freie Frankreich."
Und wieder schlägt ers in den braunen Fels.
Es knirscht der Stahl, doch bricht und schartet nicht.
Als Roland sieht, daß er ihn nicht zerschlägt,
Klagt er mit solchen Worten zu sich selbst:
„Ach Durendal, wie bist du blank und hell,
Wie gleißt und flammst du in dem Sonnenlicht!
Im Tale Morian stand Kaiser Karl,
Als Gott durch einen Engel dich geschickt,
Zur Waffe einem braven Kapitän.
Da hängte dich mir um der große Karl...."
Den rechten Handschuh streckt er auf zu Gott,
Sankt Gabriel nahm ihn aus seiner Hand,

Es sinkt sein Kopf auf seinen Arm herab,
Die beiden Hände faltend liegt er tot.
Vom Himmel schickte Gott den Cherubim,
Sankt Raphael, Sankt Michael del Peril,
Mit ihnen kam Sankt Gabriel herab,
Die Seele tragen sie ins Paradies.
Wie Kaiser Karl den Neffen suchend reitet,
Da findet er viel Blumen in dem Grase,
Die purpurn sind von unsrer Edlen Blute.
Das jammert ihn, und wie er kämpft, er weint.
Auf eine Höhe kommt er zu zwei Bäumen,
Da kennt er auf drei Felsen Rolands Hiebe.
— Im grünen Grase liegt sein Neffe da —
Nicht Wunder ist's, wenn Karl da grimmig wird.
Er steigt vom Pferde und läuft zu ihm hin,
Er nimmt des Grafen Kopf in beide Hände,
Stürzt auf ihn hin, so rasend ist sein Schmerz. —
Der Kaiser wacht aus seiner Ohnmacht auf,
Der Herzog Naimes und der Graf Acelins,
Gottfried von Anjou und sein Bruder Dietrich,
Sie setzen ihn an einer Fichte hin,
Zum Boden sieht er, sieht den Neffen liegen,
So leise fängt er an, ihn zu beklagen:
„Mein Freund Roland, Dir gnade Gott der Herr!
Nie sah ein Mann solch einen Ritter noch,
Zu ordnen große Schlachten und zu endigen.
Mein Ruhm fängt an zu sinken."
Da fällt er in Ohnmacht.
Aus seiner Ohnmacht kommt der Kaiser zu sich,

Vier seiner Edlen halten ihm die Hände,
Zum Boden sieht er, sieht den Neffen liegen,
Den schönen Leib, der schon ganz farblos ist,
Verdreht die Augen und voll Finsternis,
Karl klagt um ihn in Liebe und in Treue.
„Mein Freund Roland, Gott bette Deine Seele in Blumen ein,
Im Paradies, wo seine Helden sind,
Im Paradies, inmitten seiner Helden.
Wie unglückselig kamest Du nach Spanien, Edler!
Nie wird ein Tag, den ich um Dich nicht traure.
Wie wird nun meine Kraft und meine Kühnheit fallen?
Ich werde keinen haben, der meine Ehre stützt!
Ich habe unterm Himmel keinen Freund,
Habe ich Verwandte, keiner ist so gut.“
Er rauft sein Haar mit seinen beiden Händen,
Und hunderttausend Franken haben Schmerz und weinen...

(Aachen)

Karls des Großen Tod und Grab

Als es mit Kaiser Karl dem Großen zum Sterben kam, verordnete der Held, wie es mit seinem Begräbnis geschehen solle. Und es geschahen zugleich große Wunderzeichen am Himmel und auf Erden, welche des mächtigen Kaisers Absterben voraus verkündigten. So stürzte der bedeckte Gang ein, der von der Kaiserpfalz auf den Markt zum Münster führte.

Und da Karolus nun verstorben war, da ward er beigesetzt in einer neuen, wohlverwahrten Gruft, auf einem Stuhl von Marmelstein aufrecht sitzend, auf seinem Haupt die Krone und in der einen Hand das Zepter, in der andern das Evangelienbuch, und ward dann über ihm die Gruft geschlossen und vermauert. Das geschah gleich am zweiten Tage nach dem Tode des großen Herrschers. Und nach wenigen Wochen kam Ludwig der Fromme, sein Sohn, und übernahm das Erbe des Reiches. Der sah seinen Vater nicht mehr, bis man das Jahr tausend schrieb.

Da trug des Reiches Krone Kaiser Otto III. vom Sachsenstamme. Den gelüstete zu einer Zeit, den Leichnam Karls des Großen zu schauen. Und er ging zum Grabe dar, geleitet von zwei Bischöfen und einem Grafen, und ließ eine Öffnung in die Gruft brechen. Da saß der nun seit fast zwei Jahrhunderten beigesetzte Kaiser noch hoch und hehr wie ein steinern Heldenbild auf seinem Marmelstuhl, die Krone noch auf dem Haupte, das Zepter in der Hand und das Buch auf den Knien, schier dräuend und schrecklich anzusehen. Alle beugten sich ehrfurchtsvoll vor dem großen Toten. Dann ließ Kaiser Otto das Grab wieder schließen und fest vermauern.

In der Nacht darauf aber erschien Karolus dem Kaiser Otto III. im Traume, hehr und schrecklich anzusehen, und sprach zu ihm: „Mußtest du kommen und meine Ruhe stören? Bald wirst du ruhen, wo ich ruhe, nicht weit von mir, und erlöschen wird mit dir dein Stamm!“

Otto, der Kaiser, nahm sich dies Gesicht sehr zu Herzen. Er gründete eine Kirche und ein Klosterstift und ließ es weihen zu Ehren Sankt Adalberts. Und im zweiten Jahre, nachdem er Karls Leichnam gesehen, da war schon das Wort der Erscheinung erfüllt, und Otto III. ruhte in der Kaisergruft im Aachener Dome.

Hernachmals hat nach abermals 200 Jahren Kaiser Friedrich II. von Hohenstaufen Kaiser Karls Gebeine erheben und in einen prächtigen goldenen und silbernen Kasten legen lassen, die Krone aber und andere Kleinodien dem Domschatz überwiesen.

Kaiser Karl aber lebt noch nach tausend und mehr Jahren im Gedächtnis der Deutschen fort, sonderlich aber in dem der niederrheinischen Menschen, die noch manches Waffenstück und noch manche Urne beim Häuserbau oder beim Urbarmachen ihrer Heidestrecken und Hügel finden.

Immer noch sind aus den Zeiten der Kämpfe zwischen Franken und Sachsen die Landwehren erhalten geblieben, Lanther wie die Leute sagen, Erdwälle, oft zwei und drei nebeneinander, die sich rechts des Rheines vom Eltenberge aus nach Süden hinziehen; und an einer alten Lippemündung, so glaubt man, habe die Stadt Lippeham gelegen, die der gewaltige Kaiser als Stützpunkt für seine Unternehmungen gegen die Sachsen gebaut hat.

So erzählt von ihm das alte Lied, daß er dasitzt

„..im blanken, golddurchwirkten Panzerhemd,
Auf seinem Haupt den steingeschmückten Helm.
Umgürtet mit dem Schwert, das ohne gleichen ist
Und dreißig mal am Tag die Klarheit wechselt.....
Licht ist sein Bart, weißblühend ist sein Haupt,
Sein Körper schön und stolz sein Angesicht.
Wer zu ihm will, der fragt nicht, wo er sitzt.....
Er hat sich nie geeilt mit seinem Wort,
Es ist sein Brauch, er spricht nur, wann er will."

(Aachen)

Die buckligen Musikanten

Zu Aachen lebte einst ein Fiedelmann, der ob seines geschickten Spieles weit und breit beliebt war. Es war kaum eine Bauernhochzeit in der Gegend, auf der er nicht zum Tanze geigen mußte. Er war auch sonst ein lustiger Gesell, nur einen Fehler hatte er, den er aber mit Geduld trug — er war mit einem gewaltigen Höcker von der Natur beschenkt worden. So kam es denn wohl, daß böse Zungen häßlichen Spott an jene Unzier hingen, denn es sah gar komisch aus, wenn der kleine Geiger fast hinter seinem Notenpulte verschwand und einem unterirdischen Fabelwesen nicht unähnlich war. Aber die bösen Mäuler waren bald still, wenn er seine Saiten klingen ließ — die ältesten Matronen hielten es dann auf ihren Sitzen nicht mehr aus, sie tanzten, von der bestrickenden Musik wie von einer Zauberkraft getrieben, jedweden Tanz wie die jüngsten Dirnlein und Buben.

Nun hatte unser Geigerlein wieder einmal den Bauern zum Tanze aufgespielt. Der Wein war süffig und der Braten saftig gewesen, und in froher Laune, ein Liedlein zwischen den Zähnen, zog der lustige Musikant fürbaß. Zwar ließ ihn die helle Mondnacht mit ihrem gespenstigen Schimmer an die im Lousberg hausenden Gespenster denken, aber er glaubte, der Wein zaubere ihm die Bilder vor.

Schon war er in der alten Reichsstadt ohne Fährnis angelangt, und eben schlug vom Münsterturm die Geisterstunde, da hört er plötzlich Geschrei und Flügelrauschen über sich, und es entsteigen der Erde lange Tafeln, die mit köstlicher Speise und reichem Geschirr geziert sind. Frauen mit schimmernden, duftigen Gewändern nehmen daran Platz und trinken aus Kristallkelchen und essen von zierlichen Tellern. Der Musikant glaubt noch immer, die Geister des Weines zauberten ihm ein Traumbild vor — da fühlt er eine Hand auf seiner Schulter. Erschrocken dreht er sich um —

er blickt in ein bleiches Frauenantlitz von berückender Schönheit. Die Frau fordert ihn auf, zum nächtlichen Feste frohe Weisen erklingen zu lassen. Obwohl es dem armen Männlein gar nicht lustig zu Sinnen war, riß er doch, wie von höherer Gewalt gepackt, seine Geige ans Kinn und fiedelte, was ihm gerade einfiel, herunter. Die weißen Gestalten schwebten und wiegten in zierlichen Reigen, und es war ein Bild von übermenschlicher Schönheit. Der Geiger gab sein Bestes, und eine nie gekannte Wonne führte ihm den Bogen.

Plötzlich stockte der Reigen, eine der Holden lief auf den Geiger zu und strich ihm liebevoll über den Rücken. Er merkte, daß seine Glieder sich dehnten, er wuchs ein gut Stück in die Höhe, sein Wams spannte sich um grade Schultern. Er wollte Dankesworte stammeln, aber da war der ganze Zauber verschwunden, die Glocken schlugen dröhnend von den Türmen der Stadt. In sinnloser Freude eilte der Musikant heim zu seiner Frau. Diese wollte ihn erst gar nicht herein lassen, weil sie ihn nicht wiedererkannte. Als er aber sein Wams aufknöpfte und ihr ein paar hundert schimmernde Dukaten zu Füßen rollten, da fiel sie ihm in die Arme — denn sie hatten bislang in karger Not ihre Tage verbracht. Im Hause des Spielmanns herrschte Jubel bei Groß und Klein — die Geige durfte jetzt feiern, nur wenn einmal ein häusliches Fest gefeiert wurde, nahm sie der Musikant von der Wand und spielte in alter Frische lustige Liedlein.

Die Nachbarinnen neideten der so plötzlich zu Reichtum gelangten Spielmannsfamilie ihr Glück, sie munkelten allerhand von Teufelsspiel und ruhten nicht, bis sie der Frau das Geheimnis entlockt hatten. Es lebte noch ein anderer buckliger Spielmann in Aachen, er hörte von der wunderbaren Heilung und machte sich auf in der Nacht zum Fischmarkt, um auch dort gleiches Glück zu finden.

Aber er war kein Künstler, sondern ein Stümper und ein arger Geizhals dazu. So spielte er denn ohne Feuer, und der Reigen wollte nicht recht zur Entfaltung kommen. Er war nämlich mit der Seele nicht

bei seinem Spiel, sondern bei den Geldstücken, die er als Lohn erhoffte, auch dachte er schon daran, wie er sich sein neues Gewand schneidern lassen sollte, wenn er durch den Zauber von seinem Buckel befreit nach Hause käme. Als er sein Spiel geendet hatte, trat er keck an einen der Tische und forderte trotzig seinen Lohn für die Arbeit zur nächtlichen Stunde. Da griff eine der Feen in einen silbernen Kasten und nahm den Buckel des ersten Spielmanns heraus, den sie ihm als zweiten Höcker auf die Brust setzte. Beschämt schlich er heimwärts ohne Geld und verunstaltet, und wo er sich von nun an sehen ließ, hatte er für den Spott nicht zu sorgen.

(Aachen)

Der Berggeist

Einmal stand ein Bergmann vor seinem Ort (das ist die Stelle, wo gegraben wird), fand aber wenig Erz und war sehr bekümmert. Da rief plötzlich jemand hinter ihm: „Glück auf!" Und wie der Bergmann sich umsieht, steht da ein seltsam großer Mann im Berghabit, der fragt, wie es ginge. Da klagte ihm der Bergmann sein Leid, wie er kaum das Brot für seine vielen Kinder zu Hause verdienen könne. „Grabt ein wenig weiter durch," sagte der Fremde, „dann kommst du auf schönes Erz." Das sagte er so, daß der Bergmann gar nicht anders konnte als nach seinen Worten tun, und er stieß wirklich auf ein schmales Äderchen mit feinstem Erz, und wie er unverdrossen weiter grub, wurde es immer breiter. In seinem Eifer hatte er gar nicht gemerkt, daß der Fremde schon längst wieder weg war. Als der Mann nachher wieder oben angekommen war, begegnete ihm ein Herr in feinen Kleidern, und wie er ihn näher ansah, war es der fremde Bergmann wieder. Der redete ihn freundlich an und wollte das Erz sehen. Als nun der arme Hauer sein Säckchen auftat, da war pures Gold darin.

(bei Aachen)

Die Oellampe

Ein kleines altes Krüstchen von Bergmann ging einmal durch die Strecke, auf Diepenlinchen oder in einem anderen Bergwerk da herum. Da begegnete ihm ein riesiger Bergmann mit einem Licht, das strahlte weithin durch die Strecke, und er redete den Alten an: „Sag ens, deng Lamp geht uhs.“ „Dat weß ich, dröm wollt ich att maache, dat ich flöck op de Poste komm,“ antwortete das Alterchen. Da sagte der Riese zu ihm: „Geff mich ens deng Lamp, ich will dich jett Ollig dropp donn,“ und schüttete ihm Öl auf das Licht; „du bruchs jetz keen Ollig mie dropp zu schödde. Säß de evve enem jett (Sagst du aber einem was), dann moß du och wärem (wiederum) Ollig oppschödde wie deng Kamerate.“ Damit verschwand er; der Bergmann sah nur, wie das Licht die Strecke meilenweit erleuchtete, und er wußte genau, das war der Berggeist gewesen. Jetzt hatte der Alte ein so helles Licht wie keiner von seinen Kameraden, und er brauchte nie Öl aufzugießen. Die andern fragten ihn oft darum, aber er hielt lange dicht, wie der Berggeist ihm befohlen hatte; bis er sich das Geheimnis endlich dann doch einmal herauslocken ließ, und da erlosch sein Licht sogleich.

(bei Aachen)

Nibelung von Hardenberg und der Zwerg Goldemar

Im Jülicher Lande saß ein Edler, namens Nibelung von Hardenberg, dem gehörten die Schlösser Hardenberg, Hardenstein und Rhauental. Und bei ihm wohnte ein Zwergenkönig oder Elbe, der hieß Goldemar, der war dem Nibelung von Hardenberg und nicht minder dessen schöner Tochter gar sehr zugetan, gab Ratschläge und war hilfreich in allen Sachen. Und obschon der Elb Goldemar sich nicht sehen ließ, vielmehr stets unsichtbar blieb, so ließ er sich doch deutlich wahrnehmen. Er trank Wein mit dem Ritter, spielte mit ihm und seiner Schwester Brett und selbst mit Würfeln und spielte auch die Harfe gar wundersam, daß kein Mensch auf Erden ihr solche Töne entlocken konnte. Wollte Nibelung sich überzeugen, ob der Elbe wirklich bei ihm sei, so fühlte er nach dessen Hand, und die war sehr klein, zart, weich und warm.

Der Elb trieb es also drei Jahre lang auf Hardenbergs Schlössern und beleidigte niemand. Da geschah es, daß er beleidigt wurde; denn die Hausgenossen, denen seine Anwesenheit unverborgen war, wurden von Neugierde geplagt, ihn zu sehen, oder doch zu erfahren, wie der Elb aussähe. Da streuten sie heimlich Asche auf den Fußboden und Erbsen. Goldemar, der Zwerg, kam, sich nichts versehend, in den Saal und trat auf die Erbsen und glitt aus und fiel, und seine Gestalt drückte sich in der Asche ab. Sie war aber wie eines jungen Kindes Gestalt, und die Füße waren ungestaltet. Da kam der Elbe Goldemar nimmer wieder auf des Hardenberg Schlösser.

Er wandte sich anderswohin und entführte eine Königstochter, die hieß Hertlin. Die Mutter dieser Königstochter starb vor Leid über der Tochter Verlust. Die Tochter aber ward durch den sieghaften Helden

Dietrich von Bern befreit und geehelicht. — Manche sagen, daß das Bern, wovon der Held Dietrich den Namen geführt, nicht das Bern in der Schweiz, auch nicht das wälsche Verona gewesen, sondern das rechte Dietrichs-Bern sei Bonn gewesen. Der älteste Teil dieser Stadt habe auch Verona oder Bern geheißen, und da in dieses rheinische Gefilde so viele Taten Dietrichs von Bern fallen, von denen in alten Heldenbüchern zu lesen ist, so dürfte wohl etwas Wahres an der Sage sein. —

Der Zwerg Goldemar aber hatte, nachdem ihm Dietrich die Beute abgedrungen, die Riesen zu Hilfe gerufen und Berge und Wälder ringsum schrecklich verwüstet.

(Jülicher Land)

Der Engel des Herrn

Einst lagen der Graf von Merode und der Herr von d'Horn im Streit miteinander; zu der Zeit ritt der Graf einmal frühmorgens auf Düren, wo er am Gericht zu tun hatte. Der Weg, der jetzt zwischen Äckern durchführt, ging damals noch durch einen großen Wald, nur der „Engel des Herrn", ein Haus in der Nähe von Derichsweiler, stand ganz allein am Waldwege. Nicht weit davon im dichten Gesträuch lauerte der Herr d'Horn seinem Feinde auf. Eben als der Graf sich näherte, läutete die Glocke von der Schloßkapelle her, und der fromme Herr stieg vom Pferde, knieete nieder und betete den „Engel des Herrn". Da ließ der von d'Horn seine Waffe fallen und faltete auch seine Hände zum Gebet. Und der Graf zog ungefährdet seines Weges weiter, ohne zu ahnen, was ihm gedroht hatte. Später gestand es ihm d'Horn, und zum Gedächtnis seiner Rettung ließ der Graf an dem Hause das Bildwerk aus Sandstein aufstellen mit dem Engel des Herrn, welcher der hl. Maria die Botschaft bringt.

(Jülicher Land)

Der Ritt auf dem Ziegenbock

Das war bestimmt und zweifellos, daß Schure Welm und seiner Freunde zwei, und die Mädchen waren natürlich auch dabei, am Abend spät, es mochte gegen zwölf wohl sein, noch von der Nachbarkirmes kamen, singend, johlend, wie es denn so ist; und vor allem Schure Welm hatte wieder einmal wie so oft und leicht, ordentlich, so wie man sagt: En vör de Höner. Also das war wahr und blieb auch in den nächsten Tagen von ihm unbestritten.. und auch, daß er in der Jauchegrube gelegen hatte, mit verstauchtem Fuß, so recht mitten drin, daß der Schneider sich schon auf den neuen Anzug freuen konnte.

Also das bleibt wahr für alle Zeiten; nur das, was dazwischen lag, zwischen dem Heimwegwandern bis vors Dorf, da, wo die Kirche stand, und jener Jauchegrube, das ist in ewiges Dunkel eingehüllt; und wenn auch Mölders Henn sein Leben dafür setzt, daß er die Wahrheit sagt.

Was Mölders Henn, der Schalk, erzählt? Schure Welm wäre geradezu verrückt geworden, je näher sie dem Dorf gekommen wären. Mit jedem Chausseebaum habe ers gehabt.... und als schließlich noch auf dem Kirchplatz zufällig Küsters Ziegenbock gestanden und gemeckert hätte (er mußte wohl, da der Küster selbst mit seiner Frau zur Kirmes war, vergessen sein), da wäre es nur ein Sprung gewesen: die Kirchhoftreppe hinauf, und schon habe er drauf gesessen, Schure Welm auf dem schwarzen Ziegenbock. „Nu sall he wal nöchtern woaren," hatten sie gemeint, vor allem, wenn er, der kaum noch richtig gehen konnte, vor irgendeinen Grabstein flöge.... Aber als sie ihm noch zurufen wollten, ob er sich denn in seinem dollen Kopp nun gar nicht schäme, er sei doch auf dem Friedhof, da, o Grausen, dicht an ihnen vorbei.... was war das?.... ein Windzug und ein Feuerstreif.... und da sahen sie, hui, wie der Bock

mit dem sich schreiend anklammernden Welm über die Straße setzte, über die Hecke durch die Bohnen, über die Hecke wieder durch die Haselsträucher.... und dann, als sie vom Schrecken erholt am Schmied vorbei nach Hause gehen wollten, lag er, Wilhelm Schuren, in jener besagten Jauchegrube, zerschunden, stöhnend, so daß ihm die andern helfen mußten und ihn nach Hause zu den Eltern brachten, von denen er, na, nicht gerade angenehm empfangen wurde.

„Wat, opn Düvelsbock gereden?" sagte die Mutter zu Mölders Henn, der den Freund entschuldigen wollte, „u sit nix beter as de minen ok. De on Düvelsbock, besopen es he geweßt, on u...." aber Mölders Henn hatte sich bereits schnell verdrückt, Welm seinem weiteren Schicksal überlassend, das noch ziemlich lange, manche Woche dadurch seine Nachwirkungen hatte, daß ihn jeder nach dem Bockritt fragte und er zuletzt seinem besten Freunde grollen wollte, der.... ja, man weiß nun wirklich nicht, hatte er die Geschichte erfunden, hatten die anderen, die dabei waren, die Dinge wirklich auch gesehen? das ist die dunkle Seite dieser Angelegenheit. Eins aber ist gewiß: Schure Welm hat niemals wieder einen Bockritt gemacht, obwohl er noch öfter auf Kirmessen war, er hat auch öfter in seinem Leben „enen en de Kron" oder wie man auch sagt, „vör de Ogen gehatt..." Aber so schlimm, daß er in die Jauchegrube hätte geraten können, ist es doch nie wieder geworden.

(Niederrhein)

Ein Bockritt

Unter den Soldaten gab es früher auch manchen, der mehr als Brot essen konnte oder sich gar mit dem Teufel eingelassen hatte, das hat auch einmal ein junges Blut aus Jülich erfahren; das war den Werbern in die Finger gekommen und nach Spandau gebracht worden. Als er schon sieben Jahre dort gedient hatte, konnte er es vor Heimweh nicht mehr aushalten. Ein alter Korporal, ein Landsmann aus Herzogenrath, merkte das und versprach, ihm fortzuhelfen. Er sei Bockreiter, vertraute er ihm an. Und ehe der Hahn krähte, sollte er schon in Jülich sein. Dem Jülicher war es unheimlich, von den Bockreitern aus Herzogenrath hatte er schon so viel Grausiges und Wunderbares gehört, er wußte, daß sie schneller waren wie der Wind, daß sie an einem Tage dem Sultan in der Türkei die Wäsche stahlen und am andern Morgen in London feilboten. Aber er erwartete doch nachts den Korporal auf der Bastei. Der Korporal kam, winkte mit dem Stock, da stand schon ein schwarzer zottiger Bock da mit Feueraugen. Der Alte belehrte nun den Soldaten, wenn er etwa Angst kriege, dürfe er ja nicht das Wort aussprechen, das seine Mutter immer bei plötzlichen Schrecken rufe, aber fluchen und teufeln dürfe er soviel er wolle. Der Bursch saß auf, faßte die Hörner des Bockes fest und sprach: „In Teufels Namen"; da fuhr das Tier mit ihm auf und rasend schnell durch die Luft. Wie ein Feuerschweif sah es aus. Leute in Jena haben es gesehen und geglaubt, der Feuerdrache wäre es. Auf einmal aber ging es jäh in die Tiefe; da erschrak der Mann und schrie: „Jesus!" Gleich stürzt er ab, zum Glück in einen Busch, aber ein Bein war gebrochen, der Bock war fort. Am andern Morgen fand ihn ein Bauer, der sagte ihm, das wäre der Jülicher Wald, wo er läge, und lud ihn auf den Wagen und fuhr ihn nach Jülich zu seinen Eltern.

(Jülicher Land)

Verhext

Sie war selbst verhext, die Jungfrau aus der Jülicher Gegend, die man die „Häfer Juffer“ nannte — und der Bauer, der durch sie zu Tode kam, war es nicht minder. Man sagt im Volksmunde heute noch, daß er, der sonst ein ganz guter Kerl und nur ab und zu einmal wie besessen war, als wenn der Teufel in ihn führe (meist an den Tagen, wenn er Vieh oder irgend etwas abgeliefert hatte und erst spät aus der Stadt nach Hause kam) — daß er dann „gehext“ habe, und daß es auch in unserer Zeit noch Leute gebe, die je und dann diesem Übel einmal oder öfter verfallen.

So also handelt es sich in dieser Geschichte um die Jungfrau und den Bauer. Erstere war längst tot und doch noch da. Nicht jederzeit. Wer sie zu sehen bekam, mußte schon selber mit dem Schwarzen irgend in Beziehung stehen, denn sie war vor hundert Jahren schon, nachdem sie in ihrem Leben manchen behext und auch verhext hatte, bei einem Ritt zum Hexenberg in der Wurm ertrunken. Nichtsdestoweniger hat unser Bauer hundert Jahre später noch mit ihr getanzt, und daß das nicht mit rechten Dingen zugehen konnte, braucht eigentlich gar nicht besonders erzählt zu werden.

Übermut tut selten gut: Wenn man die Frucht zu gut verkauft, dann ist das eben manchmal nicht gut gewesen. Wer da singend die Landstraße nach Hause zog, gröhlend und brüllend, des Weines voll, — wem der Wein alle menschlichen Begierden geweckt hatte, wem aber alle Mädchen um seines üblen Gebahrens willen an jenem Abend in weitem Bogen ausgewichen waren: das war unser Bauer, und er war in jener Stimmung, da alle Bande gelöst sind, da er leben wollte, gleich, um welchen Preis und gleich, wessen Kraft und Macht ihm dazu helfen würde.

„Tanzen will ich“: Und er fluchte in allen Tonarten rauf und runter... bis der Schwarze seine Worte ernst nahm und ihm die Tänzerin begegnen ließ, eben jene Hexe, die den Weg zum Fluß nur allzugut wußte. Hei, wie wirbelte er mit ihr durch die Luft, über Hecken und Sträucher hin und mitten hindurch, daß die Dornen sein Gesicht zerkratzten! Wie wirbelten sie immer hinab, bis er aus allem Taumel befreit, noch eben Zeit hatte, den Namen Jesus auszurufen, wodurch sich der Zauber löste, so daß der Bauer gerade noch eben am Ufer der Wurm, die schäumend dahin brauste, liegen blieb.

Bis zum andern Morgen hatte er nicht die Kraft zu gehen. Als er sich mühsam heimgeschleppt hatte und in großer Reue alles, was ihm begegnet war, erzählte, da wurden manche tiefernst und dachten an Gott und Vergeltung und gnädige Bewahrung. Andere lächelten: Vielleicht waren ihrer einige, die bereits in ähnlichen Verhältnissen und ähnlichen Zuständen Ähnliches erlebt hatten und auch am andern Morgen glaubten, daß irgend jemand, eine Hexe oder irgend eine Kraft, die alle Sinne verschleierte, vom Teufel gewesen sei... Aber von der „Häfer Juffer“ reden noch heute die Leute, sonderlich die unvernünftigen Mütter, die ihre Kinder mit der bösen Hexe schrecken wollen. (Jülicher Land)

Sterk-Helmus

Vor vielen hundert Jahren kamen die Heiden den Rhein heruntergefahren in großen Schiffen, Männer in eisernen Wämsern und mit schrecklichen Mordwaffen, die sie wohl zu führen verstanden. Und wo sie ans Land stiegen, nahmen sie alles, was ihnen gefiel. Sie sagten, das Land gehörte ihnen, und die Früchte, die darauf wüchsen, gehörten ihnen, und die Leute, die es früher besessen, müßten für sie fronen. Unsere Landsleute wehrten sich dagegen und es gab einen blutigen Krieg, aber die Fremden behielten die Oberhand, nahmen das ganze Land und alle Leute mußten ihnen zinsen und dienen. So trieben es diese unverschämten Heiden viele Jahre lang, und den armen Landeskindern ging es je länger je ärger, kein Retter wollte sich zeigen. Wie Lumpen und Knechte wurden sie behandelt, und hatten früher wohlgemut und frei von dem Ihrigen gelebt, es war ein Elend und Leid, daß es nicht zu sagen ist.

Jedes Jahr wurden neue Fröner aufgeboten und mußten für die fremden Herren verrichten, was die befahlen: pflügen, säen, ernten, dreschen, Holz holen und weiß Gott was.

Da wurde eines Tages auch wieder ein Neuer zur Arbeit geholt, das war ein Staatsjunge, wohl über sechs Ellen hoch, stark und breit in den Schultern, dabei aber ein Siebenschläfer und gutmütig, böse konnte man ihn kaum machen, und einfältig war er, wie es schien, so daß er alles tat, was man ihm befahl. Er war aus den Bergen, war da so wild aufgewachsen als einziger Sohn im Haus und hieß Sterk-Helmus (im bergischen Land nennen sie ihn den starken Hermel). Man sagt, er hätte sieben Jahre lang an der Mutterbrust getrunken und, davon wäre er so groß und stark geworden. Die Fremden freuten sich, als sie ihn sahen und dachten, der würde ihnen arbeiten für drei. Des andern Tages aber, als die Arbeit begann und die andern Fronleute schon lang am Dreschen waren, da lag der Helmes noch auf dem Stroh und schnarchte. Man weckte ihn und schimpfte, er aber ging in die Scheune, sah sich den Fruchtvorrat an und lachte; um das bißchen Arbeit, meinte er, da brauchte einer doch nicht so früh aufzustehen, damit wollte er wohl noch vor Mittag fertig werden, wenn er dafür einen Karren Stroh kriege, so hoch er ihn laden könne, für sein Lager, und Brot und Fleisch zum Sattessen. Ja, das sollte er haben, und nun ging Helmes in den Wald, holte sich einen Eichenstamm, den dicksten, den er fand, und band ihn mit einem Schiffseil an eine ausgewachsene Tanne; das war sein Dreschflegel, und damit kam er in die Scheune, hob das Dach ab, daß es ihm nicht im Wege wäre und fing an zu dreschen, daß das Stroh nur so herumstob; in einer halben Stunde hatte er alles gedroschen. Dann nahm er das Schieferdach als Futterschwinge und schwang es, daß die Spreu wie Schneeflocken flog. und das Korn im Nu gereinigt war; er trug es nun in großen Bettsäcken auf den Speicher und schüttete es dort auf. Die Heiden waren sehr vergnügt über den neuen Knecht; als er aber anfing, den ausgedungenen Karren Stroh aufzuladen, machten sie lange Gesichter, denn er lud so viel auf, daß die zwei vorgespannten Ochsen die Last nicht vom Fleck bekamen, und da schlug er die Tiere mit der Faust zusammen, warf sie oben aufs Stroh und zog den Wagen selber fort. „So, mit Fleisch bin ich schon versorgt", rief er; „nun noch die Semmel!" Das ärgerte nun die fremden Herren mächtig, und sie beratschlagten miteinander, wie sie sich ihn vom Halse schafften. Am Abend hatte man ihm ein paar Malter Mehl gegeben, daraus sollte er für seine Gesellen und sich Brot backen. Am andern Morgen aber war der Ofen kalt, weder Brot noch Mehl zu finden und der Schlingel lag noch und schlief fest. Sie weckten ihn und fragten, wo er die Brote hätte. Da rieb er sich die Augen und besann sich lange und sagte endlich: „Ach ja, die hab ich, so wie ich sie aus dem Ofen genommen hatte, zu dem Ochsenbrätchen als Semmel gegessen. Für solch eine Abendmahlzeit will ich euch wohl alle Tage arbeiten."

Da sprach einer von den Heiden: „Geh in unsern Hof, da kannst du den Brunnen reinigen, der ist fünfzig Klafter tief; dafür sollst du ein Abendessen haben, wie du's dir wünschest.“ Helmes stieg in den Brunnen hinab und fing an, den Schlamm hinaufzuwinden. Die Fremden aber wälzten eine Menge dicke Steine an den Brunnenrand, warfen sie hinunter und meinten, davon müßte der Helmes zerschmettert werden. Der sang sich grad ein lustiges Lied und ließ sich anfangs von den Steinen nicht mal im Singen stören. Endlich aber rief er: „Jagt doch die Hühner fort, die scharren einem ja den Kies und Sand in die Augen, daß man gar nicht mehr arbeiten kann!“ Da holten die droben einen mächtigen Mühlstein, zehn Mann mußten ihn mit Hebebäumen heranwälzen, den stürzten sie in den Brunnen und sagten: „Nun hat er sein Teil.“ Aber Helmes lachte und rief herauf: „Danke für den schönen dauerhaften Kragen, den ihr mir da umgetan habt!“ Und wie sie hinabschauten, da sahen sie ihn ruhig fortarbeiten mit dem Mühlstein um den Hals. Da erschraken sie und erbosten noch mehr, spannen acht Pferde vor einen Lastwagen und holten eine große Glocke, die warfen sie in den Brunnen; nun ist er doch wohl endlich tot, dachten sie; aber er sang und arbeitete weiter und rief: „Großen Dank, ihr Herren, für eure schöne Schlafmütze!“ Da entsetzten sie sich so, daß sie davon liefen. Aber Helmes, der jetzt fertig war und herauskam, den Mühlstein als Kragen um den Hals und die Glocke wie einen Hut auf dem Kopf, lief ihnen nach und sagte, er verstände auch so einen kleinen Spaß und nähme das Geschenk an; aber sie sollten ihm nun noch ein Stück Arbeit geben, bis zum Abend wäre noch viel Zeit; und dann schmeckte das versprochene Abendessen erst recht. Da hielten die Heiden wieder einen Rat miteinander und schickten ihn dann zu der Teufelsmühle, dort sollte er sich das Korn zu seiner Abendmahlzeit mahlen.

Die Mühle war aber verwünscht, und jedem, der hinkam, drehte der Teufel den Hals um, und dem Helmes würd' es nicht anders gehen, dachten sie. Aber Helmes wußte gar nicht, was Gespenster und dergleichen waren, er ging mit seinen Bettsäcken voll Roggen hin, schüttete auf und stellte den Mahlgang an. Sofort kam ein furchtbares Ungetüm und griff nach ihm mit seinen Klauen. Doch er packte es und setzte es mit dem Hintern sofort auf den mahlenden Stein, daß das Feuer nur so heraussprühte und es jämmerlich bat, er solle es loslassen; aber er ließ es nicht eher frei, als bis er ihm das ganze linke Bein samt dem halben Gesäß abgeschliffen hatte. Da trollte sich der Böse fort mit Heulen und Fluchen und hüpfte dabei auf einem Bein herum wie ein Kreisel. Und als Helmes am Abend mit seinen Säcken voll Mehl und ganz heil und vergnügt ankam und es erzählte, da waren die heidnischen Herren ganz außer sich. Und nun mußten sie ihm auch noch das ausgedungene Abendbrot nebst den zugehörigen zwei Ochsen geben. Während er nach der Mahlzeit sich hinlegte und schlief wie ein Wickelkind, brüteten sie über einer neuen List.

Als es kaum Tag geworden war, weckten sie ihn und sagten: „Helmes, wenn du noch länger bei uns bleibst, so machst du uns zu armen Leuten; drum geh hinab in die Hölle und laß dir vom Teufel einen Sack mit Geld geben, so schwer du ihn tragen kannst. Dann sollst du auch gute Tage haben bei uns.“ Helmes antwortete: „Ich weiß weder Weg noch Steg dahin, aber wenn ihr mir einen Wegweiser mitgebt, so will ich wohl hingehen und dem Geizhals die Ohren reiben, daß er euch den Willen tut.“ Da gaben sie ihm einen Jungen mit, der führte ihn bis an den Heidenkeller zu Vollberg, und als der Junge wieder kam und berichtete, daß Helmes in die Teufelshöhle hinabgestiegen wäre, da frohlockten sie: „Jetzt haben wir gewonnen Spiel. Denn der Hahn ist nirgends so frech wie auf seinem Mist und der Teufel nirgends so mächtig wie in der Hölle. Diesmal kommt der Schlingel nicht zurück." Helmes war in den Heidenkeller hinabgestiegen und in einen langen düstern Gang gekommen, darin ging er wohl eine Stunde Wegs, immer tiefer, und endlich kam er vor eine verschlossene Tür. Da trat er mit aller Macht dagegen, daß sie einstürzte und sah nun in einen großen Raum hinab, in dem unzählige Feuer brannten. Wie er nun keck die große Treppe hinabschritt, kam ihm der Teufel entgegengehüpft, dem er am vorigen Tage das Bein samt dem Hinterbacken abgeschliffen hatte, der hatte den Krach vor der Tür gehört und wollte sehen, was es da gäbe. Kaum hatt' er aber den Helmes erkannt, da macht' er wieder kehrt, in einer Angst um sein einziges Bein, fuhr so schnell weg, daß die Luft pfiff und rief den Obersten der Teufel. Der wollte den Menschen gleich beim Halse nehmen, aber Helmes schlug ihm auf die Finger, daß ihm die Knochen brummten und sagte ihm dann ganz ohne Umstände, was er von ihm wollte. Da erwiderte der Teufel, er wollte drei Stücke mit ihm um die Wette tun, wenn Helmes die gewänne, sollte er das Geld haben; wenn aber nicht, dann sollt' er selber dem Teufel verfallen sein. „Nur heraus damit!" sagte Helmes. Da holte der Teufel ein großes Jagdhorn, das war unten so weit wie ein Färbekessel: „so, wer nun am stärksten blasen kann", sagte er und blies hinein, daß der Boden zitterte und die sechs nächsten Feuer ausgingen. Nun blies Helmes, da gab es aber keinen Ton, sondern einen Knall und das Horn zersprang wie eine Seifenblase, und dem Teufel flog ein Stück an den Kopf, daß er Nasenbluten und Hörnerwackeln kriegte. Und wohl hundert Feuer waren von dem Luftzug erloschen. Nun holte der Fürst der Hölle einen Stein, so dick wie ein Backhaus und warf ihn steilrecht in die Luft wohl zwanzig Ellen hoch. Als aber Helmes dran kam, da wog er den Stein erst lange in der Hand wie einen Federball und dann sagte er: „Ich will lieber erst schnell hinaufspringen in den Wald und ein paar Eichenstiele holen, die dicksten, die ich finden kann." — „Was willst du denn damit? was soll das?" fragte der Teufel. „Dies Gewölbe stützen!" sagte Helmes, „sonst werf ich, daß es bricht und wir sind hier alle verloren". Da wurde der Teufel ganz kleinlaut und meinte, dann solle Helmes lieber gar nicht werfen, und wolle er seine Wette lieber verloren haben. Nun packte Helmes in den großen Bettsack, den er mitgebracht hatte, so viel Gold und Silber hinein, als er hineinkriegen konnte, und brachte alles wieder glücklich hinauf zu den Heidenherren; die ärgerten sich mehr über seine Rückkehr, als sie das Geld froh machte, und hatten denn auch bald einen neuen Anschlag ausgedacht, wie sie ihn umbrächten. Sie schickten ihn hinaus in den Wald, da sollte er mit den andern Fronleuten Holz fällen und herbeifahren. Als er nun dort, wie er gewohnt war, seinen Mittagsschlaf hielt, da schichteten sie eine Menge Holz und Stroh um ihn her, steckten es an und jubelten, als das Feuer rings um den starken Helmes hoch aufschlug und ihn zu verzehren schien. Lange hatte der gar nichts gemerkt, bis es ihm endlich unter seiner Glocke doch warm wurde und er an zu husten fing. Da richtete er sich auf, seine Kleider und Haare wurden ihm versengt, doch er sprang über den Feuerkreis; daß man ihn so in seinem Mittagsschlaf gestört hatte, war ihm doch zu arg, er riß einen Eichbaum aus und schlug die Fremden tot, wo er sie fand, keinen schonte er. Die sich nicht rechtzeitig von dannen machten, kamen alle ums Leben, und seitdem hat man dies freche Volk nie mehr wieder in unserem Lande gesehen. (Linker Niederrhein)

Helenabrunn

Es begab sich, daß die fromme Kaiserin Helena an einem heißen Sommertag auf der Wanderung nach Xanten so vom Durst geplagt wurde, daß es ihr vor den Augen schwindelte. Und auch die mit ihr waren, glaubten nicht, den Weg zu Ende gehen zu können, wenn nicht bald ihrem müden Leibe, ihrem leidenden Herzen eine Labsal würde.

Kaiserin Helena wollte gern die Beschwernis dieses Lebens tragen. Sie wollte es selber in heiliger, frommer Verantwortung fühlen, was die Armen vielfach zu erdulden hatten. Sie wollte ihr Herz in Christi Namen vor allem Hochmut bewahren, und indem ihre Kräfte immer mehr zu versagen drohten, ging sie dennoch mutig und im stillen Vertrauen auf Gott, der sie sicherlich nicht verlassen würde, ihrer kleinen Schar voran. Und siehe da — vor ihren brennenden Augen, so, als ob ihnen mit dem bloßen Anblick allein schon eine Kühlung geschähe, erschien ein Knabe, freundlich und gut von Angesicht, Friede im offenen Blick seiner Augen, verneigte sich vor der Kaiserin, die — es hätte der Aufforderung gar nicht bedurft — wie in einem wunderbaren Zwang ihm folgte bis hin zu einem hellen Quell, der mit plätschernder Musik den stillen Wald durchsang. Und aus einer kleinen Hütte, die unter alten schattenden Bäumen im Frieden dieses Waldes stand, trat ein greisenhafter Klausner, füllte lächelnd den Becher, reichte ihn der Kaiserin und allen, die mit ihr waren und seiner begehrten, freute sich und dankte mit ihnen für das Leben, das aus der Erde dunkler Tiefe also hell in ihre Leiber floß und den müden Sinn erfrischte. Und in Dank und Freude reichte sie dem Klausner eine reiche Gabe mit der Bitte, daß er hier ein Kirchlein möge werden lassen, weil Gott also sichtbar ihnen geholfen. Und sie wurden des Staunens voll und tiefer Andacht fromm, als sie bemerkten, daß der Knabe, der ihnen lächelnd den Weg gezeigt, verschwunden war. Nur ein Leuchten, heller und anders als der Sommertag, hing noch im Schatten der Büsche und Bäume .... und noch heute heißt der Ort, an dem mancher bis in unsere Zeiten zur Gesundung seiner Seele lebendiges Wasser trank: Helenabrunn. (Gladbach)

Die Heinzelmännchen

Zu Seite 214

Die verbrannte Wurst

Bei München-Gladbach war einmal ein Mann, der hieß Jan und eine Frau, die hieß Jriet. Jan war gerade der Klügste nicht und Jriet war eine gute, dumme Frau. Nun ging Jan aufs Feld arbeiten, und Jriet kochte in der Zeit das Mittagsbrot. Sie hatte eine Bratwurst in die Pfanne gelegt und stand nun am Herd und lauschte, wie dieselbe zischte und brodelte. Als sie eine Zeitlang so dagestanden hatte, da dachte sie bei sich selbst: „Broddel du, so lang wi de wells, du broddels dech am Eng äwel ut! Ech well tösche bedse jon, on em Keller vör Jan e Kännsche Beer tappe, wenn ech dann wierkomm, es de Wuesch jar, on dann stoht vör Jan alles jreet.“ Und hierauf nahm sie den Krug und ging damit in den Keller; sie drehte den Hahn auf und stellte den Krug darunter, und das Bier lief munter heraus. Wie sie das Bier nun so laufen sah, da dachte sie bei sich selbst: „Lop du mar, du löps mech noch lang jot; en der Tid kös mech de Wuesch anbrenne, on dann stöng ech on kiek“. Sie ging also aus dem Keller; doch als sie schon mitten auf der Treppe stand, da fiel ihr ein: „Wenn mich nu mar der Kruuk net üverlöpt!“ und damit ging sie ein paar Stufen herunter. Dann dachte sie aber wieder: „Jömmich! de Wuesch kös dech äwel doch verbrenne!“ und ging wieder ein paar Stufen herauf. So trieb sie es eine Zeitlang fort: einmal herunter und dann wieder herauf, bis sie denn doch zuletzt zu der Wurst ging; die aber war so schwarz wie Kohlen verbrannt und brodelte kein Spier mehr. „Do es necks mie an te donn,“ sagte Jriet und begab sich wieder in den Keller. Im Keller war es erst recht arg, da war das ganze Fäßchen ausgelaufen, der Boden stand voll Bier, und das Kännchen war gestrichen voll. Aber Jriet wußte sich zu helfen. In einer Ecke sah sie ein paar Mehlsäcke stehn; diese machte sie auf und streute das Mehl durch den ganzen Keller; alsdann nahm sie den Besen und kehrte denselben nett aus. Da wurde der Keller so blank und rein, daß es eine Freude war, zu sehen, und außerdem hatte sie auch einen Krug Bier. „Wat wellt men mie?“ sagte Jriet. (Gladbach)

Das Kreuz mit der eisernen Hand

In der Mitte des Hüsterfeldes, in der Gegend bei Hamm, steht ein Kreuz, an dem eine eiserne Hand befestigt ist. Diese eiserne Hand deutet auf eine alte Sage hin, die hier im Volke noch heute erzählt wird.

Als vor 600 Jahren die Pfarrkirche zum hl. Remigius nicht mehr groß genug war, wollte ein Teil der Bevölkerung sie an einer andern Stelle, auf dem Hüsterfeld, das in der Gemeinde lag, neubauen — und man weigerte sich, wenn sie an der alten Stelle nur vergrößert werden sollte, mit Geld und Gut beizusteuern. Als die Leute sich nicht einigen wollten, fingen die ersteren einfach an, auf dem Hüsterfelde ihre Kirche zu bauen. Schon fuhren sie Materialien hin, Stein und Holz, und es war eine rechte Trauer in der Gemeinde, daß sie sich nun in zwei Parteien gespalten hatte. Nun aber geschah das Wunderbare, daß die Steine, die man am Tage zusammengefahren hatte, am andern Morgen nicht mehr dort waren. Durch eine allmächtige Hand, durch eine wunderbare Kraft, waren sie in der Nacht nach der alten Kirche hin befördert worden. Man dachte zuerst, daß es die Freunde des alten Planes getan hätten; man stellte Wachen aus, aber man sah keinen Menschen. Trotz aller Beobachtung — immer am andern Morgen lagen die Steine am andern Bau. Daran merkten sie, daß ein anderer als Menschenverstand über diese Frage entschieden hatte. Die Gemeinde ward darin einig, die Kirche an ihrer alten Stelle, wo schon Kaiser Karl seine Burgkapelle gehabt hatte, stehen zu lassen und sie nur zu erweitern. Denn wenn eine heilige, allmächtige Hand die Menschen nach der alten Baustelle weise, dann würden ihre Bauleute im Hüsterfelde doch immerfort vergebens gearbeitet haben. Zum Andenken an die alte Sage aber hat man an dem Kreuz eine eiserne Hand befestigt, zum Hinweis auf die unsichtbare, wunderbare Hand, die in diesem üblen Streit entschieden hat. (Gladbach)

Der Weisenstein

In Viersen auf dem Markte lag in früherer Zeit ein Stein, den man den Weisenstein nannte. Er sollte weiser sein als die Menschen, die oftmals, wenn ein Unrecht geschehen war, trotz vieler Zeugen und der klügsten Richter nicht den Übeltäter fanden und in leblosen Dingen Gottes Kraft vermuteten und durch sie ein sichtbares Zeichen als sein Urteil suchten. Bei diesem Stein aber sollte es sein, daß der Angeklagte mit der Hand auf ihn schlagen sollte. Blutete ihm davon die Nase, dann war er der Übeltäter. Jedermann aber weiß, daß es Menschen gibt, denen leicht die Nase blutet, sogar ohne daß sie auf einen Stein schlagen, und es wird wohl keiner sein, dem nicht schon einmal die Nase blutete, ohne daß er irgend eine Ursache dazu wußte.

So geschah es denn einmal (und wahrscheinlich oft), daß nicht der Übeltäter sondern derjenige verurteilt wurde, der die dünnsten Nasenadern hatte. Und als ein ehrsamer Bürger so zum Tode geführt werden sollte, ergriff es ihn so tief, ob dieses einfältigen Zeichens willen sterben zu sollen, daß er gar nicht anders denken konnte, als daß Gott ein anderes für ihn aufgespart habe. Und als er mit dem Henker an einem Lindenbaum vorbeikam, der voll der schönsten grünen Blätter hing, da trieb es ihn aus einer wunderbaren Kraft, herauszuschreien: „So gewiß der Baum im Augenblick alle Blätter verliert, so gewiß bin ich unschuldig..." Und indem er dieses sagte, ehe noch die Menge es ganz verstanden hatte, begann ein Rieseln und ein Wehen, fielen die grünen Blätter mitten in der Sommerzeit, als noch die Bienen in den Blüten summten, hernieder, daß der Platz grün wurde, wie festlich bestreut, und daß jeder, in Erschauerung vor dem Wunder, auch mit in dem Rieseln stehen wollte, das ihnen allen wie eine Gnade war, wie ein niederschwebender Segen. Und so erwiesen sie dem Angeklagten alle Ehre, und da sie dem Stein nicht mehr glaubten, warfen sie ihn über die Mauer in den Wassergraben, wo er schon bald von andern seiner Art nicht mehr zu unterscheiden war.

(Viersen)

Spukpäsch

Ein alter Süchtelner erzählt: „Noe, minne leve Kenger, sett öch ens nett öm den Cafe, makt doe Fensterladen fohs doe, dreht doe Lomp öm betschen klender on hürt ens nett doe, wat ich öch vertelle well.

Et wühnet ens en Seuteln ene rieke Moan, dat woar ene Gierohs, wie et geene tweide göft, dobe woar he soe schleit, dat he de Lüe bedroag, wo he mar kohs. Sin gonz Vermöge hoat he all duer sie Bedrege kriege. Bevüer dese Moan storv, verborg he all sien Geld en den Spukpäsch kort an de Hiedeweeg. Na sinne Duet moet he dofür alle Neits van twelf bös en Ohr als ene schworten Honk öm dat Geld heröm spueke. Völl Lüe hadden de Honk all gesien, woaren effel emmer lope gegange. Ich selv hab öm och ens gesien. Noe well ich ens vertelle, wie dat geng. Ich geng fröher, jett voer on jett noe de Franzuesentied, wie ich noch sonne Borsch ene woar, on nett soe de Geit en die Knoaken hat, wie noe, döcks op de Jagd. Wie ich noe ens et Neits en dee Spukpäsch loag, doe koam op emmer ronk öm de grueten, schworten Honk möt glöhige Ooge gelope. De lep emmer ronk öm de Goasböm, den doe öm den Predigtstohl stieht. Ich woll op den Honk scheete, effel dat möt dat Oas gemerkt haben, denn et kök mich möt sinne glöhige Ooge esu vergeft an, dat ich lope geng on min leptestags net mier des Neits en den Spukpäsch gejagt hab.“ (Süchteln)

Das Heiligenhäuschen bei Traar

Es steht heute noch am Wege, der nach Vorberg führt. Viele sind die Straße gewandert, Menschen her und hin, und vielmal in den Zeiten waren Maurer, Schreiner und Schmied an ihm tätig, und noch zuletzt gaben sie dem stillen Betort dort am Weg ein neues Kleid. Auch ein Gemälde ward hineingestellt zum Dank für irgend ein Geschehen oder zur Sühne für eine Tat, die nicht vergessen war. Auch das Kreuz auf seines kleinen Daches Spitze ward erneuert, nachdem es Jahre lang verstümmelt in einer Ecke stand, so daß dem Häuschen selbst die Spitze fehlte, die es nun endlich wieder ziert, wie sich's gebührt.

Daß aber das kleine Kreuz verstümmelt ward, hat sich also zugetragen. In den Zeiten, als die übermütigen Heere Frankreichs wieder einmal den Niederrhein durchzogen, ritt an der Spitze seines Regiments ein Oberst, den die Siege kühn gemacht hatten, nicht nur gegen Menschen zu streiten, sondern auch des Herrn zu spotten, der die Geschicke alles Lebens lenkt. Hoch zu Roß, den Truppen schon vorauf, sah der leichtfertige Reitersmann das kleine Heiligenhäuschen, das den Übermut in ihm entfachte, seinen Säbel zu ziehen und ohne sich besonders aus dem Sattel hochzurecken, dem Kreuz den einen Arm mit einem kühnen starken Hiebe abzuschlagen.

Indem aber dies geschah, unversehens und plötzlich für das Pferd, scheute es, und in seiner Angst stob es davon wie von einer wilden Kraft getrieben, galoppierte blindlings und keinem Zügelriß und keinem Ruf gehorchend, bis es über einen der großen Steine, die noch in jener Zeit im Wege lagen, stolperte und so unglücklich sich selber überschlagend zur Erde fiel, daß der Reiter sich an seinem eigenen Säbel eine tiefe Wunde riß, durch die er schon, als die Soldaten seiner Truppe des

Weges kamen, tot im Blute lag. So hatte sich das Schicksal schnell gerächt. Der Oberst hatte sich durch seine eigne Tat gerichtet.

Lange stand das kleine Bethaus ohne seines Hauptes Zier, bis sich der fromme Schmied des Dorfes seiner erbarmte, dem Kreuz den abgeschlagenen Arm wieder gab, worüber allenthalben Freude ward, so daß man ihn heute immer noch den „Schmied vom Heiligenhäuschen“ nennt.

(Bei Krefeld)

Bockum

In der Zeit der Kämpfe um das heilige Grab in Jerusalem hatte auch der Ritter Ulrich Bock das Kreuz genommen und sich beeilt, einer der ersten im frommen Zuge zu sein. Aber er geriet in Feindes Hand und mußte Jahre lang im unterirdischen Verließ, hundert Meilen von der Heimat entfernt, in Elend und Not schmachten. Einem fast wunderbaren Zufall dankte er es, daß er seine Freiheit wieder erhielt. Geschwächt an Körper und Geist und ergraut vor der Zeit trat er seine Heimkehr an, und unter vielen Mühseligkeiten landete er endlich im Pilgergewande, allen fremd geworden, in seiner Heimat. Aber auch ihm war alles fremd. Der stattliche Buchenwald, in dem er dem edlen Weidwerk obgelegen, war gefallen, von seiner Burg war jede Spur verwischt. Ein prächtiger Neubau mit doppeltem Graben erhob sich an der Stelle. Nebenan stand aus Tuffstein erbaut ein Kirchlein, der St. Gertraudis geweiht. Wo er anklopfte, sah er fremde Gesichter. Sprach er einen Menschen an, so wich der scheu zurück, und selbst auf der Burg kannte man ihn nicht. Als er sich zum Kirchlein wandte, um sich im Gebete Mut und Stärkung zu suchen, begegnete ihm auf der Schwelle ein altes Mütterchen, das ihn stieren Blickes ansah und wie in einem Krampf mit wilder Stimme schrie: „Bock um!" Da brach der arme Ritter mit lautem Aufschrei zusammen und lag regungslos am Boden. Die Alte trippelte fort und brachte das ganze Kirchspiel in Verwirrung. Sie war die Einzige, welche den Ritter wiedererkannt hatte, aber die unerwartete Begegnung hatte ihren schwachen Geist zerrüttet. „Bock um! Bock um!" so sprach sie immerfort vor sich hin.

Als man den Ritter fand, lag er im Todeskampf. „Bock um" war auch sein letztes Wort gewesen. Der Herr von Neuenhofen, wie das neue Schloß sich nannte, war herbeigeeilt und schaute in das blasse Angesicht des entseelten Pilgers. Er sank an seine Seite, strich die weißen Locken zurück und drückte einen Kuß auf die erstarrten Lippen.

Ritter Bock war erkannt, der Ort, bisher nur St. Gertrud genannt, erhielt zur Erinnerung an den merkwürdigen Vorgang im Munde des Volkes die Bezeichnung St. Gertrudis-Bockum und bald kurzweg nur Bockum. Das alte Weib wurde nicht wieder gesehen. Auf dem Grabstein des Ritters steht ein rückwärts gewandter Bock. An die Stelle seines Geschlechts trat das der Neuhofer, die aber auch schon seit langen Zeiten ausgestorben sind. (bei Krefeld)

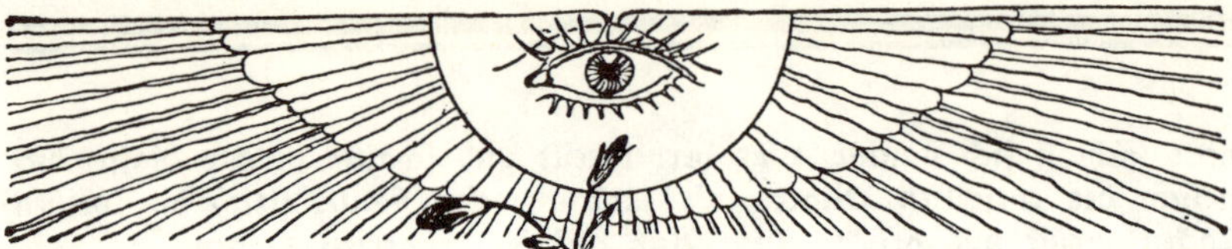

Die Entstehung  von St. Tönis

Wo jetzt St. Tönis liegt, war früher die Osterheide, und alle Tage, vom Frühling bis zum Herbste, weidete der alte Hirt dort seine Schafe; im Frühling, wenn die Vögel sangen, die Nachtigallen am Kolk, die Drosseln in den alten Kiefern, wenn die Birken grün waren und die Wacholder neue, junge Spitzen hatten — und im Sommer, wenn die Heide durchsummt war von Bienensang, im Tau des Morgens wie im stillen rötlichen Licht des Abends — und nicht weniger im Herbst, wenn die Kraniche gen Süden zogen und sich der Himmel dunkler und früher wölkte: Der alte Schäfer kannte und liebte alle Dinge um sich her, Natur und Wetter waren ihm wie keinem vertraut. Und doch geschah es einmal, daß auch ihm in seiner Heide etwas zustieß, das er nie erlebt, etwas Unbekanntes und also Wunderbares, wie es Menschen überhaupt wohl nie erleben. Es geschah, daß eines Morgens, als in der Sommerzeit schon alle Vögel stumm geworden waren, in einem Wacholderstrauch ein Singen begann, schöner, als je die Nachtigall am Kolk im Frühlingsabend flötete, so, daß der Schäfer gar nicht anders konnte, weil ihm dies Singen wie ein Rufen war, als zu dem Strauch zu gehen, und — o Wunder, als die Stimme gleich verstummte, ein wunderbares Bild des heiligen Antonius zu finden, das er glückselig am Abend mit nach Hause nahm und in seine Kammer hing. Aber wie groß war des Hirten Trauer, als am andern Morgen das Bild verschwunden war! Mißmutig ging er wieder in seine Heide, ließ die Schafe sich zerstreuen, und indem er sich auf den grauen Stein am Wege setzte, begann dasselbe Singen wie am Morgen vorher und war dieselbe Kraft in ihm, so daß er wieder zu dem Strauche ging und wirklich das Bild genau wie gestern in ihm fand, das er aber nun besser bewahren wollte und in seine Schlafkammer neben sein Bett stellte... Und dennoch: Am andern Morgen war es wiederum verschwunden, wiederum sang der wunderbare Vogel, wieder hing das Bild in den grünen Zweigen... und da war ein Erleuchten in ihm, daß er den Ruf verstand: Er erzählte die Geschichte in seinem Dorfe, und weil er fromm und gottesfürchtig war, glaubte man ihm, glaubte ihm der Priester auch, und so zogen sie hinaus, an der Stelle dem heiligen Antonius eine Kapelle zu bauen, zu der die Leute von Nah und Fern herüberkamen, wallfahrend aus dem ganzen Land, um in ihr zu beten und von dem Wunderbild besondere Gnade zu erflehen und zu erhalten. St. Tönis heißt der Ort bis in unsere Zeit... Menschen siedelten sich an, Jahrhunderte gingen hin, aber die Geschichte von dem frommen Schäfer und dem wunderbaren Bilde lebt wie unvergänglich in der Erinnerung bis auf den heutigen Tag. (Kempener Land)

Die Heinzelmännchen

Siehe Bild auf Seite 203

„Das war zu Wachtendonk vordem
Mit Heinzelmännchen so bequem . .“

sie wohnten nämlich dort unter dem Rathause und taten den Leuten allerlei Gutes. Ob es denn beim Bäcker war oder beim Schneider, beim Schreiner oder Schmied: war allzuviel Arbeit da, daß sie ihrer nicht gerecht werden konnten, dann hatten die Erd- oder Herdmännchen, wie man sie nannte, am andern Morgen, wenn die Magd das erste Feuer anmachte, das meiste getan. Ja, es geschah einmal, daß eine arme Familie, da die Eltern am Abend miteinander weinten, weil kein Brot im Haus aber viel Hunger in den Mägen war, andern Tags und jeden Morgen den Tisch gedeckt fand, so daß die Leute für die kommende Zeit reichlich hatten.

Die Heinzelmännchen aber hatten eine Gewohnheit, die, so gut sie gemeint war, der Stadt schließlich zum Schaden wurde und zwar durch einen ihrer Bürger, der ihnen und vor allem seinen Nachbarn ohnehin wenig Freude machte, den sie den roten Hager nannten. Es war so: Die Erdgeister hatten einen großen, schönen kupfernen Kessel, den sie alle Nächte gebrauchten, um ihr eigenes Essen zu bereiten. Diesen Kessel aber liehen sie aus, indem sie ihn alle Morgen auf die Rathaustreppe setzten. Wer ihn brauchte, holte ihn; nur war die Bedingung, daß er am Abend wieder blank gescheuert an seiner Stelle stehen mußte mit einer kleinen Gabe darin, einem Weißbrot, etwas Früchten oder dergleichen. Und da war nun der rote Hager, der den Kessel eines Abends ungereinigt, ohne ein Geschenk, ja sogar mit einer großen Schweinerei, wie die Leute sagen, zurückgegeben hat. Und seit der Zeit blieb der Kessel verborgen. Die Heinzelmännchen, die wohl wußten, wer ihnen das angetan hatte, rächten sich. Sie holten in der Nacht dem roten Hager all sein Korn vom

Speicher. Und als der Bauer das gewahrte und sein Weib für die nächste Nacht Erbsen auf die Treppe gestreut hatte, so daß die guten Männchen ausrutschten und übereinander purzelten, da war am übernächsten Morgen aller Hausrat verschwunden. Küche, Keller, Stube — alles war leer. Ja, als sie am Abend schlafen wollten, fanden sie kein Bett mehr; am Tag

war das Schlafzimmer unsichtbar geräumt worden, und es blieb ihnen nur ihr Haus mit kahlen Wänden und ihre Armut, an der sie alle miteinander bald gestorben sind. Die Heinzelmännchen aber sind zum Hülserberg gezogen. Ob sie noch da sind? Die Kinder legen das Ohr auf die Erde und horchen. Ob sie etwas hören?

+

Es wird erzählt: In dem Hülserberge, an der Stelle, wo sich jetzt der Aussichtsturm erhebt, hatten vor Zeiten die „Erdmännekes“ mehrere hundert Haushaltungen. Die Bauern der Umgegend hörten oft, wenn sie an dem Berge vorbeigingen, ein Gesumme wie von einem Bienenschwarm, konnten aber nirgendwo einen Eingang finden und sahen auch niemals irgend ein Lebewesen hinein- oder herausgehen. Solange die Erdmännchen in dem Berge wohnten, waren die umliegenden Felder und Höfe reich gesegnet. Bei einer Überschwemmung des Rheines waren in einer Nacht von den Zwergen tiefe, breite Gräben geworfen worden, durch welche das Wasser abfloß, so daß es die Felder der Bauern nicht verheerte. Und wenn diese Roggen und Weizen gemäht auf dem Felde liegen hatten, konnten sie sicher darauf rechnen, daß das Korn am folgenden Morgen gedroschen war und Stroh und Körner gesondert auf der Tenne lagen. (Keußen „Der Hülserberg“) (Niers)

Die Heinzelmännchen und die neugierige Magd

In Schelsen auf dem Crobberberg hielten sich in früherer Zeit Heinzelmännchen auf. Sie pflegten auf dem nahegelegenen Schaulenhofe Töpfe, Schüsseln, Teller, kurz alle Sachen, deren sie bedürftig waren, zu leihen, brachten aber jedesmal des Morgens alles blank geputzt zurück. Dem Hofbesitzer erwiesen sie für seine Gefälligkeit große Dankbarkeit. Vom Frühjahr bis zum Herbste besorgten sie zur Nachtzeit die Feldarbeiten, und zur Winterzeit droschen sie die Früchte in der Scheune. Was des Abends vom Bauer heimgefahren wurde, war am Morgen abgeladen und an Ort und Stelle gebracht. Zudem besorgten sie auch die Wäsche und bügelten die Leinwand aufs feinste, auch fütterten sie das Vieh und besorgten sämtliche Stallarbeiten. Da belauerte eine Magd, welche ihre Neugierde nicht beherrschen konnte, eines Nachts die arbeitenden Heinzelmännchen durch ein Schlüsselloch. Diese, es merkend und den Vorwitz strafend, griffen nach einem Nagel und stachen der Magd ein Auge aus. Da nun die Hofbewohner sich an ihnen rächen wollten, der Hausherr aber aus Dankbarkeit für die geleisteten Dienste einem jeden von ihnen ein Röcklein anbot, welches sie jedoch nicht tragen wollten, machten sie sich eiligst auf den Weg nach Köln hin, gingen dort über den Rhein und sind seitdem verschwunden. (Gladbacher Gegend)

Der Zwergenkönig

Der junge König der Zwerge hörte einmal von der schönen Tochter des Grafen von Krakauen bei Krefeld. Als er an den Schloßteich kam, rief er auf Anraten eines alten Weibes:

„Feeschke, Feeschke, Timpatee,
Hol' mich rasch wohl öwer de See!"

Sogleich erschien ein Fisch am Ufer, auf dessen Rücken der König über das Wasser getragen wurde. Im Garten des Schlosses hat er dann mit der Tochter des Grafen glückliche Stunden verlebt. Einst überraschte der Graf den jungen König in dem Augenblick, als dieser gerade von dessen Tochter Abschied nahm und auf des Fisches Rücken davongetragen wurde.

Erbost hierüber griff der Graf zum Bogen und erschoß den König. Im Berge wurde man unruhig, als der König wider Erwarten lange auf sich warten ließ. Man forschte nach ihm und fand seine Leiche im Schloßgraben vor Krakauen. Die Zwerge begruben ihn und sangen dann folgenden Grabgesang:

„Op de See es groote Not,
Es een Feschke bleven doot,
Wä neit möt der Liek well gohn,
Kann die Koos betahlen.
Anner Hammer
Rotterdammer.
Tein, twentig, dörtig, värzig, fiffzig,
fässig, sewenzig, achtzig, negenzig, hongert."

So oft der Vers gesungen war, sprang ein Erdmännchen ins Wasser, um seinen König nicht länger zu überleben, bis zuletzt alle ertrunken waren.

(um Kempen)

Der Drache von Geldern

Ungefähr vor tausend Jahren hauste in dem Lande von Pont ein furchtbarer roter Drache; er war der Schrecken der ganzen Gegend, verwüstete alles ringsum und fraß Menschen und Vieh. Er lagerte unter einem großen Mispelbaum und machte von dort aus seine Raubzüge. Das Schlimmste war, daß durch seinen verpesteten Atem, den er stundenweit verbreitete, Menschen und Tiere starben. Alle Bemühungen, das schreckliche Ungeheuer zu töten oder zu vertreiben, blieben fruchtlos. Endlich aber erschienen die Retter. Es waren zwei tapfere Jünglinge: Wichard und Lupold, die Söhne des Herrn von Pont. Diese beschlossen, das Land von der Plage zu befreien, koste es, was es wolle. Nach einem harten Kampfe töteten sie das Tier, das bei seinem Tode deutlich die Worte ausstieß: „Gelre, Gelre, Gelre." Die Freude war groß im ganzen Lande; die Brüder aber erbauten mit Hilfe ihres Vaters an der Stelle, wo sie den Drachen erlegt hatten, eine Burg und gaben derselben nach dem Geschrei des Tieres den Namen „Gelre".

Später entstand dort eine Stadt, die bis heute Geldern heißt.

(Geldern)

De Galg

Hüert ens, Wechter, watt ek ow vertell. As Jong wonden ek op de Niep. Wej wore na de Pertsmärt in Gälderen gewäß on hadden en schuen Dier gekoch. Ek soll et na Hus besürge. Dä Wäg es zämlich lonk on sue koem et, dett mich den Düsteren betrok. Ane Vennbröek muß ek näve ne Galg. Dat es die Plätz, wo früher ene Galg stung für die Verbräker, die in Kempe verurdelt wahde, on ek wes, datt et doe niet geheuer wor. As ek no ongefähr bis an die Plätz gekome wor, do süh ek op ene Kier, datt do en gruet schwatt Denk ine Höch stiet. On wij ek nödder koem, hängt dich doe ene leibhaftige Mensch an Galg, on et krakden do, äs wenn er ene op de Tand bitt. Jesus, Maria, Juisep, riep ek, du floeg dich en gruet schwatt Dier weg, on ek sog nicks mier. Mar ek well ow loete, datt ek op mine Foks riete ging.

(um Geldern)

Fürkäls

Die „Fürkäls“ sollen Feuerklötze gewesen sein, die durch die Luft dahersausten, die aber gereizt, — meistens durch Pfeifen, — sich niederließen und die Menschen in höchste Not brachten. So erzählte ein alter Tönisberger: Ek koem ens et Ovends laat väne Märt ut Müersch. Osen Dores on ose Jahn, die für mich Ohme modde seggen, hatt ek be mich. We wore grad bis op et Hettsche (Feld zwischen Lind und Haag) gekome. Dor op en Kier sät Dores: „Kihk ens dor ochter bove Stroele, do sind dri Fürkäls.“ „Pas ens op,“ sej ek, „soll ek ens flöte?“ On rechtig, ehr ek et noch rech wos, hatt ek all geflött. Häß de nit gesihn, twe fielen er heronder, mar ene dä koem grad op us tu. Et lött sich denke, wat wej vönne Aongst krege. Dä Fürkäl koem ömmer nodder on wej sohgen all, wie in't Stende de Daker vän de Schien löchten. Do gont Dores on Jahn lope, so hatt se könne, on loete mich allein sette. Güs woren die fott, as de Fürkäl ok all für mich stung. Ek versükde wijer de gohn, mar hä liet mich niet näve. Alle Hellgen inne Hiemel riep ek an, äver et holp niet. Endlich sej ek vüren: „Bößde vän ossen Herrgott, da mak dech rechts dem Berg op, böß de vän der Deiwel, da schor dich links herop.“ On kick an; hä miek links öm, on susten dem Berg herop. Wij et mich wor, kännt gej denke; dri Wäke bönn ek kronk gewäß. Mar die Geschich es noch nit ut. Kotten Tied derne koem ek wier ower et Hettsche. Ek wor allein. Do stiet dich osse Fürkäl wirr vür mich. Op deselbe Wies miek ek mich vän em los wie et vürge Moel; mar ek goen soläve niet mir over et Hettsche.

(Geldernland)

Die Feuersbrunst

Irgendwo also muß ein Funke gewesen sein, irgendwo in einer Ecke unterm Stroh. Der Bauer hatte sein Korn trocken eingefahren, woher also nun mochte das Feuer sein? Für einen Chemiker wäre es vielleicht eine interessante Aufgabe gewesen, alle Möglichkeiten zu prüfen... denn was war es? Ein chemischer Vorgang doch, gar nichts Besonderes übrigens. Es wird irgendein neuer Stoff hervorgebracht, und dann brennt die Scheune, der Stall, das Wohnhaus, sogar, wenn es nicht versichert ist, — brennt alles herunter und ist zuletzt ein Aschenhaufen übrig, erst noch qualmend, aufflackernd zuweilen und nachher, wenn ein Regen fällt, liegt alles schwarz, grau und tot. Dann mag einer suchen, ob er nicht ein Erinnerungsstück und Andenken findet.... er mag die Balken, die Steine herausziehen, mag alles umwenden, Balken, Steine, Asche, Schutt, Tierknochen. Vielleicht, daß irgendwo der kleine Schädel gefunden wird, ein Arm oder Bein oder das rote Schleifchen noch am Hals, ein Kinderschuh. Das rote Schleifchen könnte ein Erinnerungsstück für die Mutter werden. Wenn sie sehr alt ist, mag sie ihren Enkelkindern erzählen, wie das Haus verbrannte. Da wächst übrigens jetzt Getreide im Sommer, Klee im Herbst, dann duftet das Feld süß und gar nicht nach Brand, und die Bienen summen. Die Kinder wissen nichts vom Brandgeruch des Feldes, aber die Alten. Und wenn es Lupine ist mit ihrem süßen Duft: Die Alten vergessen das nie, das Geknatter der Flammen, die flatternden Fahnen aus den Dächern, das Feld riecht immer noch nach Brand. Die Großmutter erzählt gern von dem schwersten Tag ihres Lebens. Sie weint dann allemal und ist doch nicht traurig, nein, sie geht sehr gern an das kleine Kästchen und sucht die rote Schleife und den Kinderschuh. Die Großmutter ist sehr alt und sehr stolz und froh, daß sie die Andenken hat, denn es ist sehr wichtig, alt zu sein und die letzte zu sein, die den großen Brand miterlebte und das zu erzählen an Nachbarskinder und an den neuen Pfarrer. Ja, wenn sie damals nicht alles verloren gehabt hätten! Sie waren ganz arm gewesen, Geld, alles war fort... Nur das rote Schleifchen und der Kinderschuh....

Kleine Ursache, große Wirkung, sagt einer. Nur das Fünkchen, das winzige Fünkchen im Stroh....! es kann nicht anders sein, als daß ein Tier dort gestorben ist, oder daß eine Katze gejungt hat und die Brut hernach verwest ist. Es weiß keiner. Die Menschen liegen da und schlafen und haben die Suppe gegessen am Abend, und am andern Tag hat einer Geburtstag, und die Kuh wird bald kalben müssen — und die gewaltige Flamme schlägt schon bis ans Dach, wie ein großes, flackerndes Fahnentuch weht die Flamme über dem Haus. Das kleine Kind war in seiner Angst fortgelaufen, als es der Vater greifen wollte, und schon brach das Gebälk, daß es hinunter in die Flamme fiel. Daß das rote Schleifchen und der kleine Schuh erhalten blieben: wer wußte wohl, wie das möglich war!

Das kleine Fünkchen im Stroh: ob ein Fünkchen lebendig ist? Da es doch wie ein Auge schaut in der Nacht? Ein Auge, wachsend, schlag das Auge tot, oder es wächst ein Tier, schwarzes Tier mit roter Zunge, das leckt am Stroh.... leckt die roten Schlangen wach, oder bricht sie aus, rote Schlangen immerfort, hui, hui, rasend, schlängelnd hinauf.... Was ist aufgeweckt? Der „rote Hahn" auf dem Dach? Er sank längst schon wieder hinab, vom Dach hinab, denn das Dach brach ab, prasselnd, keuchend! Wie die Funken fliegen im Wind! Ein Dach brennt, zwei Dächer, drei, vier.... da ist kein Dach mehr, alles bricht zusammen. Und einen Tag glüht ein Ungetüm, ein Rätselhaftes unter Trümmern, ein glühendes Tier, am Abend ist das dunkle, schwarze Nichts. Am Abend zieht ein Häuflein Menschen barhaupt und weinend durch den Wald! Ein Fünklein, kleinstes Fünklein — oh, das Geheimnis: ohne irgendeinen Willen, einen Gedanken, bricht der Menschen Werk zusammen, und ist keiner, der des Rätsels Lösung zu ergründen weiß, kein Chemiker und Prophet — und war doch einer, der zu wissen glaubte (Großmutter hat's erzählt): der alte Schäfer, der helle Sinne hat .... Er hat den Tod gesehen vom Wald kommen in der Nacht, der hat das Fünkchen in das Stroh geworfen — er hat den Tod gesehen durch die Flammen reiten, der hat das Kind aus seinem Bett herausgerissen und hinweggeführt und ist dann zwischen allen Menschen hergegangen und hat gelächelt; hat ihn kein Mensch gesehen, — die rote Schleife und den Kinderschuh hat er hernach zurückgebracht und unter kalten Schutt gelegt. Denn ob er grausam ist, immer eine letzte Güte weiß der Tod. Ja, helle Sinne hat der alte Schäfer, der Salomon ... er hat den Tod in der Nacht auf den Trümmern gesehen, auf der Steinbank hat er gesessen unter dem alten Baum, er hat den Kopf in die Hand gestützt und hat geweint. Er hat den Mantel fest angezogen, weil ihn fror, ob auch die Glut noch nicht erloschen war .... Wunderliche Dinge weiß der Salomon vom Tod, der weint, weil er den Menschen Böses tut, weint über Gott, der ihn herabgeschickt ... Ein Funke in dem Stroh? Salomon lacht ... das sind nicht Funken. Er hat den Tod gesehen dunkel in den Flammen mit wehendem Mantel hoch überm Dach (die Hahnenfeder wippte auf und nieder vom schwarzen Hut), gebietend allen Tausend und Millionen Geistern der Feuerwelt. Jedoch das Kind, das kleine süße Ännchen, das so lieblich plaudern konnte, hat er selbst hinabgestoßen ... und hat auch selbst, da alles doch verbrannte, das Schleifchen und den kleinen Kinderschuh gerettet. (Niederrhein)

Wie ein Bauer zu einem neuen Hofe kam

In der Nähe von Hinsbeck am Herschen lebte in alten Zeiten ein Bauer, dessen Hof in schlechtem Zustande war. Als er nun eines Tages über sein Feld ging und nachdachte, wie er zu einem neuen Hofe kommen könne, stand auf einmal ein feiner Herr vor ihm und fragte ihn: „Ei, Bauer, warum so schlechten Mutes?“ „Ach,“ sagte der Bauer, „mein Hof

ist so schlecht, und ich weiß nicht an einen neuen zu kommen.“ „O,“ sprach der Herr, „da kann ich wohl helfen, ich will dir Geld genug geben, daß du dir einen schönen, neuen Hof bauen kannst; dafür mußt du mir aber deine Seele verschreiben.“ Der Bauer sagte: „Das ist doch zu viel verlangt, dir meine Seele zu verschreiben, wenn ich den Hof gebaut habe; ich muß doch auch Genuß davon haben.“ Da sprach der Teufel: „Du kannst noch vierzehn Jahre leben, und wir teilen uns in dieser Zeit die Ernte so, daß ich in einem Jahre bekomme, was auf dem Erdboden wächst und in dem folgenden, was in der Erde wächst — und so abwechselnd.“ Wenn nun das Jahr kam, wo des Teufels Anteil die Ernte auf der Erde war, pflanzte der Bauer, was in der Erde wuchs; dann bekam der Teufel nichts und der Bauer alles. Wenn das Jahr kam, wo der Teufel Anspruch auf die Ernte in der Erde hatte, säte der Bauer Hafer, Roggen, Weizen und dergleichen. So bekam der Teufel wieder nichts. Als das einige Jahre so zuging, sagte der Teufel zum Bauer: „So geht es aber nicht weiter, denn da bekomme ich ja gar nichts. Da wollen wir lieber einen Wettkampf eingehen. Wer am weitesten einen Stein werfen kann, der soll Sieger sein.“ — Das war dem Bauer recht, wenn der Teufel zuerst werfen wollte. Da nahm der Teufel einen ganz großen Stein und warf ihn bis auf den Buschberg. Nun war der Bauer an der Reihe. Er nahm einen viel kleineren Stein, sagte aber: „Nun weiß ich nicht, wo jetzt mein Bruder weilt; der ist in Frankreich, England oder Spanien, den darf ich doch nicht totwerfen.“ „Hu,“ sagte der Teufel, „wenn du so weit werfen kannst bis in Frankreich, England oder Spanien, so fange nur ja nicht an, denn so weit kann ich es nicht“. Und der Teufel ging seiner Wege und überließ dem Bauer die Ernte und den Hof.

(um Geldern)

Gott läßt seiner nicht spotten

Der Wandersmann, der das Geldernsche Land durchwanderte und spät in der Nacht auf einem Bauernhofe ankam und Obdach erhielt, fühlte plötzlich in der Nacht, daß sein Ende nahe war; und den Knecht, der auf sein Stöhnen hin herzugekommen war, bat er in herzlichem Verlangen, einen Priester zu holen, damit er nicht ohne letzte Zehrung den Weg in die Ewigkeit zu gehen brauche.

Der Knecht, den die durchstürmte kalte Nacht nicht gerade einlud, den gefahrvollen Weg durch das Dunkel allein zu machen, weckte den Bauer selbst, ihn um seinen Rat zu fragen, ihn auch wohl zu bewegen, mit ihm zu gehen — und der, wohl wissend, daß man den Armen nicht ohne Stärkung dürfe sterben lassen, glaubte in seiner dummen Verschlagenheit, den Ewigen selbst in seiner heiligsten Feier umgehen und seiner spotten zu können. Ein wenig als Priester verkleidet, in seiner wahren Eigenschaft den schwachen, verlöschenden Augen des Sterbenden kaum erkennbar, teilte er das heilige Mahl selber aus, so wenigstens, daß der Wandersmann alsbald schon ohne Erkenntnis der Täuschung, mit Welt und Leben ausgesöhnt, hinüberschlief.

Als es Tag wurde, begrub man ihn und sprach zu keinem davon. Und es war, als sei alles gut — die Saat wuchs, Lerchen jubelten, und als die Vögel ringsumher in den Pappeln, Erlen und den Büschen zwischen den Weiden verstummten, reifte das Korn. Doch in diesen Zeiten, als schon die Ernte in den Scheunen geborgen war, geschah es, daß eines Tages die Magd mit verstörtem Gesicht ins Haus gestürzt kam: „In der Scheune steht ein schwarzes Gespenst, furchtbaren Gesichts, mit funkelnden Augen und langer roter schnalzender Zunge ...“ Und die es durch den Türspalt sahen, erschraken nicht minder, und Tag um Tag, Nacht um Nacht (da keiner schlief) blieb das Gespenst da, wo es war. Und schließlich, als der Bauer den Priester holte, der mit einem Kruzifix durch die weite Tür dem Untier entgegenging, ward der Bann gelöst: Das Tier sprang auf, sprang an allen vorbei ... und eh sie sichs versahen, lag der Bauer im Blute da: Das Untier war ihm an die Kehle gesprungen und kaum, daß er hatte schreien können, war er schon tot.

(Geldernland)

Der schlaue Leineweber

„Man muß nur sehen, daß man ihn sich vom Leibe hält, und wenn man ihm selbst seine Seel' verschrieben hat," sagte der Leineweber, als er gerade den Kontrakt mit dem Teufel unterschrieben hatte... und es war ihm, seine Lage überdenkend, doch nicht grade gut zu Mut, und sein Singen, an dem sich selbst die Nachbarn oft erfreuten, war verstummt. Wenn das Stück, das jetzt im Webstuhl war, fertig wurde... was sollte ihm dann für die paar Tage seines Lebens noch das viele Geld! Und schon kam der Teufel und nötigte wieder zu schnellerer Arbeit, und ob er auch noch öfter kommen mußte und immer wieder abzog, schimpfend und verstimmt, und ob der Leineweber immer langsamer schaffte und zuletzt den Ausweg fand, daß er noch die Längenkordeln machen müsse und jeden Tag nur ein zwei Schuß dazu fertig brachte: Einmal, und da konnte er zögern wie er wollte, mußte auch diese Arbeit fertig werden... „die letzte dann". Das war ein schweres Wort für einen, der all sein Leben gern gelebt hatte und immer lustig war. Und aber auch: der all sein Leben gern gelebt und lustig war, gibt sich so schnell und eigentlich wohl nimmer auf: Hatte er jetzt den Teufel immer noch recht menschlich hinters Licht geführt, so dachte er, könnte ers jetzt auch mal teuflisch tun:

Beim letzten Stück bricht ihm der Tempel, das Gerät, das die Fäden auseinanderspannt, entzwei. Und indem er grade, ach, wie sehr, am jammern war, weil er sich doch nun so auf die Erlösung von allem Erdenleid freute, kam, er hatte ihn ja längst gesehen, der Teufel an, erregt und wild... und war doch ganz erstaunt, den armen Leineweber so im Leid zu sehen: „Ach, lieber Herr," so sprach der Arme, „nun dacht ich, daß ich heute fertig werde,... könntet ihr mir ein paar Teufel schicken, daß sie mit ihren Zähnen den Tempel auseinanderhalten, damit ich das letzte Stück noch weben kann?" Und gewiß — in wenigen Minuten waren die ersten da, aber auch in wenigen Minuten wieder fort. Der Leineweber hatte ihnen die Lade so fest vor das Maul geschlagen, daß ihre Zähne rasselnd auf die Erde fielen. Und weil dem Teufel an der Seele viel gelegen war — er hatte schon Arbeit genug mit ihr gehabt... und weil er glaubte, daß die Teufel nur zu dumm gewesen seien, schickte er neue und immer wieder neue, denen es allen nicht viel anders ging, bis er schließlich selber kam: — und auch gleich wieder ging: „Ich will deine Seele nicht"... war das einz'ge und sehr kurze Wort, das er dem Weber sagte, welcher lachte: „Ich weiß schon: Heulen mögen sie noch können in der Hölle, vielleicht besser als je zuvor. Aber eines hat ganz sicher aufgehört: Das Zähneklappern...!"

Ja, er lachte, denn er hatte den Teufel angeführt, solange, bis er mürbe war. Das war der eine Spaß, und der andre war noch der, daß er sein Leben lang nun nicht mehr zu weben brauchte. (Grefrath)

Irmgardis

Irmgardis, eines Grafen Tochter, früh eine Waise, entbehrte gern den Reichtum und die äußere Lebensfreude. In ihrer Seele fand kein Hochmut Raum, sie sah der Armen Leid und manche Not... und da war in ihrem einfältigen Herzen kein Gedanke dagegen oder auch dazwischen nur: Sie mußte helfen, wo es immer ihr am nächsten lag. Und weil's ihr Freude machte, tat sie unbekümmert manche Arbeit, die sonst nur Mägde tun, spann manchen Tag den Flachs zu Leinen und brachte ihn selbst ins Gras zur Bleiche und war also froh vom Morgen bis zum Abend, glücklich zu jeder Stunde und von den Armen über alles sehr geliebt. Und wer sie sah, freute sich ihrer. War doch ihre vornehme Art selbst bei der kleinsten Arbeit in Bewegung und Gestalt erkennbar, war doch ihrer Seele Schönheit, ihrer Güte Wesen in ihren Augen, ihren Gliedern anmutig ausgeprägt.

I r m g a r d i s

Zu Seite 229

Es begab sich aber, daß der Ritter einer, ein Junker noch, der, wie die meisten seines Standes sich nicht freute ob der Gräfin Tun, in frecher Ungebärdigkeit eines Morgens vorüberkam, dreist und ohne Höflichkeit durch das Gras der Bleiche ritt und, ohne Rücksicht, ob Irmgardis selber da war oder nicht, in das Garn hinein, das sie eben noch benetzen wollte, so daß es sich verwirrte um die Hufe seines Pferdes und zerriß. Und ungehöriger als zu einer Bauerndirne sprach er zu der Gräfin, so daß diese sich im höchsten Zorne von ihm wenden mußte, nicht aber ohne ihm und allen, die es anging, zu drohen und zu prophezeien, daß die Burgen, soweit die Glocke ihres kleinen Kirchleins reiche, ob des frevelhaften Lebens ihrer Ritter zugrunde gehen sollten in einem Strafgericht, wie Gott es selber über sie verhängen werde.

Und was Irmgardis so vorausgesehen hatte, ist in dem Lauf der Zeiten, eh' man sich's gedacht, geschehen. Von den Burgen steht nicht eine mehr. Was aber blieb, das war ein klarer Born, der aus der Erde sprang, der allen Kranken Heilung bringen konnte. Und er war in seiner Reinheit, weil er keine Trübung duldete, (wenn einmal Schmutz in seine Wellen kam, versiegte er und kam an einer andern Stelle wieder) ein schönes Sinnbild von Irmgardis' Wesen. Und aus jener Stätte ward ein heiliger Wallfahrtsort. Zur Zeit der Apfelblüte wanderten die Frommen von fern und nah, um in der Erinnerung an sie zu beten. Schön aber ist es, daß der Apfel ihr geheiligt ist. Denn wie der Apfel aus den rosaweißen Blüten rein und schamhaft keusch sich wie ein Wunder immer zu der Frucht erfüllt, so und nicht anders unscheinbar um ihrer selbst getan waren ihre Taten und Wunder auch, die Gott um ihrer Liebe willen werden ließ. (Süchteln)

Girita von Gelderland

Das ist die Geschichte von Girita von Gelderland, die der heiligen Jungfrau den Jesusknaben aus dem Arm genommen hatte in der Qual und Angst um ihres eignen Kindes Leben.

Jutta hieß die Kleine, die im Garten spielte, selbst eine Blüte des Frühlings zwischen tausend Frühlingsblüten im blauen Tag, da die Sonne golden von dem Himmel schien. Ein Bär war durch das offene Burgtor hereingekommen, hatte die Kleine gefaßt und so zugerichtet, daß sie lange Tage schwer im Fieber lag, so daß die Schläfen und die Pulse hämmerten und die Krankheit immer mehr den kleinen Körper schüttelte, daß selbst die Mutter, die schon ohne Speise die Nächte durch an des Kindes Lager saß, die Hoffnung fast verlor.

In ihrer letzten Angst aber ging sie in die Burgkapelle, warf sich vor dem Standbild der heiligen Jungfrau nieder und betete so tief und war so ganz verloren in ihrem Leid, daß sie mit wirren Haaren aufsprang und Maria das Jesuskind aus ihren Armen nahm und also wie von Sinnen und wie rasend rief: „Jungfrau Maria, wenn du mir mein Kind nicht läßt, dann nehme ich dir deins und geb' es nie zurück." Und sie herzte das steinerne Gebilde, als wenn es Leben hätte, trug es auf den Armen, wiegte es und hatte sich so sehr verloren, daß man sie wieder mit Gewalt in das Schlafgemach bringen mußte, wo sie sich wiederfand, als die kleine Jutta zum ersten Mal nach jenen Fiebernächten die Augen weit auftat und das von ihr so lang entbehrte Wort „Mutter" sprach. Da setzte sie sich nieder, und indem sie tief glückselig des Kindes Wange streichelte und langsam, langsam sich der irren Stunden in der Schloßkapelle erinnerte, ward es in der Stille, als sei die Jungfrau mit dem ihr in den Arm zurückgelegten Kind durch die geschlossene Tür erschienen, so daß sie leise Worte sprach: „Der Mutter

Leid hab' ich zutiefst erfahren... ein Schwert, du weißt es, drang durch meine Seele... Du mußt nicht ungebärdig sein. Um deiner großen Liebe willen hab ich dir dein Kind erhalten, nur, daß die Narben, die das wilde Tier ihm schlug, verbleiben, sie sollen dich ermahnen allezeit, daß Leid des Lebens tiefstes Wesen ist." Und dann trat sie zu des Kindes Bettchen, neigte sich und küßte seine Wunden, daß sie wie ein Rosenkränzlein lagen um Hals und Schulter... und von Stund an war die Kleine wieder ganz gesund.

Es klangen die Abendglocken, als Girita mit ihrem Töchterlein aus der Kapelle kam, wo sie an der Jungfrau Bild gebetet hatte. Eine Drossel sang im hohen Ulmenbaum, und über fernen Hügeln in den Wolken lag wie tausend Rosen blühn das stille, ew'ge Abendrot der Welt.

(Gelderland)

Der Bloetekamp

Dem Bloetekamp wor früher en Zwergekolonie. Die hadden doe ür Wohnesse ine Erd. Dat wor-e Völksken! Die dejen für de Lüj alles, wat se kosse, on dat heemlik, ohne dat me-et woß. Von vüren herin wohnde se ope Wolfsberg on ope Mühlenberg. Die Bloete väne Wolfsberg hällden sich jeden Dog be Wolfs-Schmedd Panne on Kookpött on Eteswaar, öm sich ür Koos te make. Mar dofür hadde Wolfs et ok gut. Die Bloete holpen ür wat se kosse, on brochten ok Glöck met. Mar wij et gewöhnlik giet, die Lüj woßten ür Glök niet de schätze. Enes Dags verboje Wolfs ür, noch länger Kookgeschirr te halen. Mar anderen Dags kosse Wolfs sich nei Geschirr kope, alles wor kapott on watt noch halverdags ganz wor, wor versaut. On die Bloete hadde sich opem Bloetekamp niergeloete. Die Bloete op dem Mühlenberg häbben dor gelävt, bös wej in et Berg Kirkeklocke krege. Van dat Lüje ginge se derdur on koeme nimme wier. As die andere väne Wolfsberg na de Bloetekamp vertrocke woere, woere se ganz andesch gewoede äs früher. Wänn enne Mensch kott be ür koem, dan bluse se öhm in't Gesech, on da wat he kronk on kreg alles vol Schwere. Aevel ok opem Bloetekamp blieve se nit long. Se trocken all vür on noe noch den Höllschen Berg. Güß wore se doe, du sturv ürre Könnig Prenz Walberestrückske; dat kossen die ärm Männekes nit overläve. On et Dogs dernoe, as de Könnig begrave wor, spronge se all ine Torfkull. Domett wor ür Geschlech te End, mar ok de Sägen on et Glöck. Du hur me de Lüj döcks senge:

Walberestrückske, Walberestrückske,
Wäst wäll oner de Erden;
Eck häbb gesoch, eck häb gesoch,
On häbb et niet gefohne.
Wenn die Denne frejen gonnt,
Da sind se wi de Ruesen,
On wenn se dan getraut sind,
Da sind se wie de Knusels.
Wenn die Jonges frejen gonnt,
Da sind se wie de Häre,
On wenn se dann getraut sind,
Da sind se wi de Bäre.

(um Moers)

Halener Christnacht

von Johannes Heinrich Braach

Es warf sich toll an den Niederrhein —
Der Satan brachte es auf —
Da zehrte in Bauern gährender Brand,
Da zuckte es zänkisch durch Dorf und Land
Und leckte Städte hinauf.

Pestfluch der Kirche! Fluch gegen Gott!
Was scheren uns Schrein und Monstranz!
Wir darbten in Kriegen, Gott schonte uns nicht,
Wir heulten in Nächten, Gott schuf nicht Licht
Und spielte Wölfen zum Tanz.

In Priesterhirne Picken und Pech!
Altäre zertrümmert, gerammt!
Auf Klostergiebel Hähne gesetzt,
Mit Klosterweinen Gurgeln genetzt!
Maria und Christus verdammt!

Und Weihnacht nahte und Christnacht kam,
Zur Mette rief Glockenmund,
Da suchten Männer nach Leiter und Seil,
Ergriffen Fäuste Sense und Beil, —
Heil Halen, Halen im Grund.

Die Kirche, übermenschengefüllt,
Schien Andacht in Chor und Schiff,

In Demut flehte das Ave Marie —
Da spie Jans Jarsen zu Boden und schrie,
Und Roderich Tembach pfiff.

Ein Messer durchsauste des Priesters Brust,
Es sank, was mönchisch war,
Was „Ave Marie“, was „Kyrielei“!.....
Gewühl und Gezerr, Geächze, Geschrei —
Und Gier an Kreuz und Altar.

Doch Gott stand nahe und sah den Wahn,
Die Rechte winkte stromein,
Da quoll es brausend, sausend einher,
Aufwerfender Wogen wirbelndes Meer —
Hinunter Ufer und Rain.

Gehöfte, Häuser, Kirche umtost,
Verschlungen von fressender Flut,
Ein Berg von Wassern türmte sich wild,
Begraben Aufruhr, Sichel und Schild —
Wüst wallte würgende Wut.

Wirft heute müde am Niederrhein
Ein Dampfer Anker in Grund,
Dann klingt es klagend und stöhnend empor,
Dann klingt es leise Schiffern ans Ohr:
Weh Halen, Halen im Grund.

(linker Niederrhein)

Die geizige Bäuerin

Knechte und Mägde hatten es wirklich nicht gut, und nach dem Tode ihres Mannes war nur einer, der auf dem Hofe blieb, der alte Franz, der schon den Eltern gedient hatte und dem ganzen Hof so treu ergeben war, daß ihn der Geiz der Bäuerin kränkte, als sei es seine eigene Sünde, weshalb er alle Tage trauriger wurde, weil er kein Mittel wußte, wie ihr Sinn, da sie doch fromm und gut sein wollte, zu ändern sei.

Nicht weit vom Hofe, gleich hinter der Hecke an dem Kreuzweg, stand ein Heiligenhäuschen, vom Großvater der Bäuerin gebaut — und wie sie es gewohnt war von Kindheit an, ging sie auch in diesen Zeiten alle Abend dorthin, um zu beten. Es lag versteckt zwischen Kiefern und jungen, dichten Fichten, so daß sie ungesehen sich ihrer Andacht hingeben konnte. Und als Franz zufällig zur Zeit ihrer Betstunde verüberkam, hatte er einen guten Gedanken. Als am andern Abend in der Dämmerung der sanfte Wind durch die Bäume strich und die Nachtigallen sangen (es war im Mai, da aller Herzen besonders aufgetan sind), da schlich er sich in das dichteste Gestrüpp, krabbelte sich ganz in die Brombeeren hinein — und als die Bäuerin hingebend, ganz zerfließend in der weichen Herzensstimmung sprach, daß sie wünsche, von aller Erdenlast erlöst bei ihrem Herrgott zu sein, da rief eine tiefe Stimme als wie aus weiter Ferne (und doch sehr nah): „Nie, nie kommst du zu unserm lieben Herrn..." Und als die Bäuerin, im Innersten erschrocken, weinend und wie flehend fragte: „Warum nicht?" da kam es wieder wie aus weiter Ferne, aber mit einer Stimme, als sei Gott selber ein echter niederrheinischer Bauer:

„Du düs nie genog Speck ene Pott!"

Das wäre der Bäuerin in jeder andern Zeit eine schwere Forderung gewesen, aber um der ewigen Seligkeit willen dünkte sie, da sie schon in Höllenangst vergehen wollte, der Preis nicht zu hoch, was schon andern

Morgens die Knechte und die Mägde in der Gesindestube merken konnten: Sie sahen sich Morgen für Morgen verwundert an, bis sie sich an die plötzlich gut gewordene Kost gewöhnt hatten. Sie vergaßen denn mit der Zeit auch zu fragen, und Franz brauchte nicht mehr so sonderbar zu lächeln, wenn irgend nur die Sprache auf der Bäuerin Sinnesänderung kam, die nie wieder eine ähnliche Stimme an jenem Heiligenhäuschen vernommen hat aber auch nie wieder Ursache dazu gab, in dieser Weise beratschlagt werden zu müssen. (Rheinberg)

Siegfried

In jenen grauen, fernen Zeiten war es, als noch die Götter lebten, als in den wilden, sturmdurchtobten Nächten des November die Menschen in den Höfen unterm Schilfdach saßen und hörten die wilde Jagd. Wodan, der einäugige Gott, fuhr mit seinen göttlichen Mannen und Walküren durch die Wolken. Und Donar erlebte seine Abenteuer, der starke Göttersohn mit rotem Bart, aus dem die Blitze sprühten, wenn er seinen Hammer auf den Himmelsboden warf. Ziu war der Gott des Krieges, sie machten ihm zu Ehren Schwerttänze. Und Freia, Nerthus, Hertha oder Bertha, die Mutter Erde, Göttin der Fruchtbarkeit, Göttin alles Wachsens, alles Werdens, war den Menschen gütig, — und wenn die Erde frei vom Eise war und die ersten Blumen aus dem Rasen sproßen, dann wurde sie mit Reigen und Tanz geehrt.

In diesen Zeiten war es, da Kobolde und Nixen, Elfen und Alben, Zwerge und Riesen lebten, da der Rhein wilder von den Bergen her ins Land schoß, da noch nicht lange die gewaltigen Gletscher verschwunden waren, die das niederrheinische Land mit Geröll und Steinen füll-

ten, ganze Berge anschütteten; da noch keine Kirchtürme weithin über die Ebene grüßten, da in „Xanten am Rhein“ der König Siegmund lebte, der von Gott und Christus noch nichts wußte; Siegmund, reich und stark, dessen Schwert im letzten Kampf zerbrach, als sich Wodan, der ihn heimforderte von Manheim, dem Land der Menschen, nach Wallhall in Asenheim, der Götterheimat, ihn, der bisher unbesiegbar war, im Kampfe selber stellte. Sieglind, Siegmunds Weib, war vor der Schwerter Klang und der Stimmen Kampfgewirr in den Wald geflohen, gebar einen Sohn, dem eine Hirschkuh Amme ward, weil die Mutter starb. Und so lebte Siegfried allein im Walde, wuchs heran, hatte blaue Augen und gelbes Haar, ward von der Hirschkuh behütet und gewärmt in kalten Nächten, bis er eines Tages zu der Schmiede kam, in der er sein Schwert hämmerte, nach Regins Weisung, der ein Albe war, aus der Unterwelt stammte und ihn den Weg nach Gnitaheide wies, wo der Drache lebte, den er tötete, in dessen Blut er badete. Siegfried aber, der Balmungschwinger, der nun unverwundbar war bis auf die eine Stelle, da das Lindenblatt den Körper deckte, der die Sprache der Vögel verstehen lernte, und der dann Regin (der ihm, wie die Vögel zwitscherten, nach dem Leben trachtete), mit dem Balmung den Kopf abschlug und den großen Schatz, den Nibelungenhort bekam, die Tarnkappe auch dazu.. er wurde dann der größte Held der alten Deutschen.

S i e g f r i e d

Zu Seite 239

Als er noch auf Gnitaheide stand, kam ein Roß herangetrabt, dem er einen Teil des Schatzes auf den Rücken laden wollte, das aber stehen blieb und nicht von der Stelle wich, bis Siegfried selber sich auf seinen Rücken schwang. Dann gings im Trab (Grani hieß das Pferd) weite Wege durch das graue Heideland zum Meere hin, wo auf hohem Fels des Isensteins die dunkle Burg lag, darinnen Brunhild, die Walküre, schon seit ewgen Zeiten schlief. Der Berg war hell umflammt von jener Waberlohe, in der schon mancher kühne Recke umgekommen war. Jedoch als Siegfried auf seinem Grani-Rosse nahte, wichen die Flammen zur Seite — er ritt unversehrt hindurch — er ritt in den Burghof, da wie in einem Sarg Brunhilde schlief, in einem Panzer, der sie ganz umhüllte, der ganz wie um ihren Leib gewachsen war. Nur aber brauchte Siegfried mit dem Balmung das Erz zu berühren, da wich es wie eine dünne Haut von ihr ab. Sie reichte Siegfried den Minnetrunk, er gelobte Treue und zog dann wieder von neuem durch die Lande auf Abenteuer, bis er nach Worms an den Rhein kam, wo er Brunhild vergaß — (er hatte den Vergessenstrank getrunken, der von den Göttern gewollt war, weil sie fürchteten, daß die Kinder dieser stärksten Menschen Siegfried und Brunhild ihnen einmal gefährlich werden könnten). Und so nahm er Kriemhild zum Weibe, nachdem er in der Tarnkappe für Gunther gekämpft und Brunhild ohne seine Schuld betrogen hatte.

Brunhild ward Gunthers Weib, und Kriemhild hatte nicht unterlassen können, ihr zu sagen, daß Siegfried doch der Stärkere wäre, daß gar nicht Gunther sie besiegt habe, wodurch die Stolze so tief verletzt war, weil sie Siegfried, der sie einst auf dem Isenstein so stolz befreit, dem sie so stolz und voll Vertrauen ihre Hand gereicht hatte, trotz allem liebte. Ihre Liebe aber wandelte sich in Haß, daß sie die Anstifterin zum Morde wurde: Bei der Jagd im Spessart war es der finstere Hagen, der von den Alben abstammte, den Unterirdischen, der den stolzen Siegfried tötete. Ueber der Quelle brach er zusammen, auf einer Bahre brachte man den Toten in die Burg. Und nun erhob Brunhild, die selbst die Helden zu dem Morde angestiftet hatte, große Klage....

„Schauriges, Gunther, erschien mir im Traum:
Leichen im Saal—ich—tot—auf dem Lager —
Du, König, bekümmert in Ketten geschlossen,
Zu Roß umringt von feindlichen Reitern —
Die gesamte Sippe der Söhne Niblungs
Beraubt der Macht zur Rache des Meineids.

So gänzlich Gunther, vergessen hast du's,
Daß ihr beide in der Fußspur am Boden damals
Euer Blut gemischt! Mit Mord belohnst du
Deinen vordersten Vormann in allen Gefahren!

Mit welcher Treue der junge Thronherr
Der streitbare Held seine Schwüre gehalten,
Offenbarte deutlich ein Dienst ohne Beispiel:
S e i n H e r z w i d e r r i e t s, doch er kam geritten,
Um dir zum Weibe — m i c h zu werben.

Zwischen uns zweien legt er aufs Lager
Die mit goldenen Zeichen verzierte Klinge,
Der das Feuer gestählt die feine Schneide,
Und Gift gegütet das innere Eisen."

Und als Brunhild so gesprochen hatte, da stieß sie sich selber das Schwert ins Herz, um mit Siegfried zusammen auf dem Brandstoß zu verbrennen. Aber eine andere Sage erzählt, daß sie auf Siegfrieds Roß Grani aufrecht und stolz den Brandstoß hinaufgeritten sei, auf dem seine Leiche in den Flammen lag, auf daß ihrer beider Seelen gemeinsam hinaufschwebten in die Ewigkeit Walhalls. (Xanten)

Der heilige Viktor in Xanten

Als im deutschen Land die Germanen noch in ihren Eichenhainen zu den Göttern beteten, hatten die Römer am Rhein und in Gallien ihre Herrschaft ausgebreitet. Zu ihren festen Plätzen Mainz, Bonn, Köln und Xanten war schon die Kunde von Jesus Christus gedrungen. Im Jahre 284 wurde Diokletian Kaiser des römischen Reiches, der anfänglich den Christen freundlich gewesen war, später aber ihr Feind wurde. Vor allem sein Mitregent Maximilian ging mit aller Bosheit und Grausamkeit gegen sie vor. Und in dieser Zeit war es, als der heilige Viktor mit seinen Freunden und Kameraden vor den Toren der Stadt Colonia trajana, die wir heute Xanten nennen, den Märtyrertod erlitt.

Er gehörte zur thebäischen Legion, die infolge ihrer Tapferkeit in Ägypten vom Kaiser besonders geehrt worden war, die aber von ihm selbst, als er sie zum Kampfe gegen die gefährlichen Aufstände an der Rhone bestimmt hatte, grausam vernichtet wurde. Sie weigerten sich, den Göttern zu opfern und Weihrauch zu streuen. Im Morgenlande waren sie bekehrt worden, und auch Viktor und seine Genossen, die weiter nach Norden geschickt wurden, weil auch am Rhein Unruhen entstanden waren, bekannten sich zum Christentum. Und so sehr sie ihrem Kaiser treu waren und tapferer als die meisten der andern Soldaten und auch den Tod nicht scheuten, so wollten sie doch Gott mehr dienen als den Menschen und ließen sich schließlich in heiliger Überzeugung in den Wiesen vor Xanten, wo sie ihr Lager aufgeschlagen hatten, die Waffen abnehmen und von den Soldaten ihres eigenen Vaterlandes niedermetzeln. Ihre Leichen schleppte man mit eisernen Haken in die Sümpfe, die ehemals nahe der Richtstätte lagen. Und wie ihnen, dem heiligen Viktor mit seinen 330 Gefährten, erging es acht treuen Thebäern in Bonn und 318 in Köln, die von dem heiligen Gereon geführt waren.

Eine alte Chronik von 1485 erzählt davon:

„....danach kamen die grausamen Diener des Todes zu Sankt Gereon und seinen Gesellen. Sie waren von den nachfolgenden Todschlägern in das Feld der Stadt, die jetzt Köln genannt wird, gezogen. Dort erwarteten sie die Glorie des Martyriums und ermahnten und und ermuteten der eine den andern, bis in den Tod im heiligen Glauben zu verharren. Als nun jene, die vom Kaiser sie zu töten gesandt waren, erkannten, daß die Leute nicht willens waren, ihren Glauben zu verlassen, noch sich selbst zu wehren, vielmehr standhaft den Namen Christi zu bekennen, da ergriffen sie die heiligen Mannen und enthaupteten sie. Die grausamen Henker schleiften die heiligen Ritter des ewigen Königs blutbefleckt über das Feld und warfen die Leichname in einen tiefen Brunnen. Während dieses geschah, zog Viktor mit seiner Gesellschaft der Stadt zu, nach welcher er geschickt war, die Troja genannt wurde. Jetzt aber heißt sie Xanten. Auf einem grünen Felde schlugen sie ihre Zelte auf. Als die Henkersknechte, welche ihnen folgten, sie dort erreichten, schlugen sie den heiligen Mann Viktor mit seinen Gesellen tot und warfen die heiligen Leichname an eine bruchartige Stätte.“ (Dr. Ploenes, Der Niederrhein.)

Die Gebeine aber lagen nicht lange in Xantener Morästen. Die Kaiserin Helena, die fromme, christliche Mutter Konstantins des Großen, hat sie ausgraben lassen; und in Gold gefaßt sind sie noch im Xantener Dom zu sehen, wo auch die Gebeine Viktors in einem goldenen Schrein aufbewahrt werden.

(Xanten)

Norbert von Xanten

Im Jahre der Geburt des Herrn eintausendeinhundert und fünfzehn, als Papst Paschasius der Römischen Kirche Herrscher und der fünfte Heinrich Kaiser war, lebte in der Stadt Sancten Norbert, salfränkischen Geschlechtes Sproß, in hohem Glanz. Durch der Weihe Würde zum Subdiakon erhoben, stand er auf der Höhe des Lebens. Und da er, ein Günstling der Natur, eines schönen und gewandten Körpers sich erfreute und durch tiefes Wissen und der Rede Kraft ausgezeichnet war, so wurde er durch die Feinheit seiner Sitten bei allen, die ihn kannten, beliebt. Seinem Vater Heribert vom Schlosse Genepe beim Walde Ketela und seiner Mutter Hadiwig war im Traum die Offenbarung gekommen, daß ihr Sohn zu hohen Ehren gelangen werde; sie beschlossen deshalb also gleich, ihn zum Geistlichen erziehen zu lassen. Am kaiserlichen Hofe und in der Kirche zu Köln war sein Ansehen groß, und er ließ sich verleiten, an den ihm zufließenden Reichtümern und Vorteilen des weltlichen Lebens Gefallen zu finden und sich ihrem Genusse in die Arme zu werfen; die Furcht Gottes aber ließ er außer acht. Nachdem er nun schon lange Zeit der Üppigkeit in reichem Maße gefrönt hatte, da ereignete es sich, daß er, nur von einem Diener begleitet, heimlich zu einem Orte namens Vreden ritt. Sein Kleid aber war aus Seide. Auf dem Wege überfiel ihn eine Gewitterwolke, aus der Blitze zuckten und Donner rollten. Und weit und breit war keine Unterkunft. Da er selbst mitsamt seinem Begleiter in Verwirrung geriet, da krachten plötzlich vor ihm Blitz und Donner; und es war schrecklich anzuhören und anzuschauen, wie sie in die Erde fuhren und sie bis zur Tiefe einer Körperlänge spalteten. Ein entsetzlicher Geruch stieg hervor, der ihn und seine Kleider ergriff. Er selbst wurde von seinem Pferde zu Boden geschmettert. Da glaubte er, eine Stimme zu vernehmen, und es war, als ob ihn jemand anklagte. Als er hierdurch wieder zur Besinnung gekommen und der Reue zugeeilt war, sagte er die Worte des Psalmisten vor sich hin, der da spricht: „Laß ab vom Bösen und tue Gutes!“ Auf die Weise ermutigte er sich selbst und kehrte auf dem nämlichen Wege um, auf dem er gekommen war. Zu Hause angelangt, legte er, vom Geiste des Heils aus der Furcht Gottes erfüllt, unter der äußeren Kleidung ein härenes Gewand an, faßte den Vorsatz über sein verflossenes Leben Bekümmernis und Reue in sich zu erwecken und übergab sich dem Kloster. (Xanten)

Die Riesen

Es war in jener fernen Vergangenheit, als noch die Riesen am Rhein und am Meere lebten. Es waren ihrer nicht viele mehr, denn die meisten waren in den Kämpfen, die durch Jahrtausende währten, gestorben. Mit Steinen und Felsblöcken warfen sich diese gewaltigen und plumpen Gesellen, und mancher Stein und Felsblock (aus dem Teutoburger Wald und von Norwegen her) liegt noch heute hier und dort in der niederrheinischen Landschaft verstreut.

Die letzten Riesen waren den Menschen zum Teil recht freundlich gesinnt. Von ihren Burgen kamen sie in die Weiden und Felder und fragten die Bauern nach ihrem Wohlergehen. Sie halfen ihnen, wenn der Rhein über die Ufer trat. Eine Hand oder eine Schaufel Sand nur warfen sie dahin und traten mit dem Fuße darauf — dann war der Damm so fest, daß nichts mehr zu befürchten war, daß er noch in hundert Jahren gegen die größten und wildesten Fluten standhalten konnte.

Aber es war einmal ein Riese — man sagt, daß es vielleicht der Teufel selber war, — der übers Land gegangen kam und es mit den Leuten übel meinte. An einem großen Sack, der ihm selber schwer wurde, schleppte er mühsam und keuchend dahin. Und was er wollte? Den Rhein wollte er zuschütten — und die Bauern, die ihn am Abend bemerkten, erkannten seine bösen Pläne und waren in großer Sorge. „Unser Land wird verwüstet." — „Das Wasser wird über unsre Felder strömen. Unsre Felder und Weiden und Wälder, alles wird ein endloses Meer." — „Wir werden ertrinken mit unsern Frauen und Kindern, und nicht einer wird am Leben bleiben..." — Und in der großen Sorge und Not erwuchs ihnen ein großer Mut. Sollten sie mit dem Riesen kämpfen? O, sie alle miteinander hätten gegen die große Gewalt nichts vermocht! Und es war einer, den sie oft verlachten, der nicht der fleißigste unter ihnen war und auch keinen Reichtum hatte, aber der klug war und immer aufgelegt zu lustigen Streichen. Er schlich sich heimlich fort und ging, als es nun ganz dunkel geworden war, dem Teufel nach, immer näher hinter ihm, und als er ganz nahe bei ihm war, da trat er ihm ganz plötzlich und so fest er konnte hinten auf den Holzschuh, so daß er so überrascht war, daß er stolperte und mit dem schweren Sack so gewaltig vornüberfiel, daß der sich öffnete und Sand und Steine auf die ebene Erde fielen. Der Bursche aber lief eilig fort ins Dorf zurück und sagte seinen Freunden: „Seid ohne Sorge, diese Nacht gibts noch keine Ueber-

schwemmung. Der Teufel liegt auf der Nase und hat genug Arbeit, bis er seinen Sand wieder zusammen hat.“ Und als sie am andern Morgen ganz vorsichtig und schüchtern übers Land zum Rheine hin gegangen waren, da sahen sie da, wo sonst ebene Heide war, einen großen Hügel. Sie brauchten eine Viertelstunde, bis sie auf seiner Höhe waren. Und als sie sich umsahen rings nach allen Seiten, war kein Riese mehr zu sehen. Er hatte sich eiligst davongemacht und gedacht: „Ich bin wohl stärker, aber die Menschen sind mir zu schlau geworden.“

Ja — die Riesen! Einer, der über den Rhein schreiten wollte, trat zu kurz und bekam Wasser in den Holzschuh. Als er ihn ausschüttete, war da ein See; einer von den vielen, die links und rechts am Rheine heute noch allenthalben als große, dunkle, stille Wasser liegen, eingerahmt in Schilf und Weidengestrüpp. Die Riesen klopften ihre Holzschuhe aus — und dann waren die Hügel da bis auf den heutigen Tag. Sie wollten dem Rhein ein Bett graben nach Holland zu und ließen von der Schaufel etwas Erde fallen. „Lot man liggen“, sagte der eine da, „die paar Krummen,“ — und so ist der Eltenberg entstanden. (Niederrhein)

Wie die Sonsbecker Schweiz entstanden ist

De Sonsbeckſe ſinn der nitt werneg decknäſeg op de Sonsbecker Schweiz, wenn ſej ok weeten, datt ſej ör Schweiz nitt eiges gemackt hebben. Die hätt ör den Düwel gemackt.

Nämlek, as ſej te Aaken den Dom ant hauen waſen, do woll den Düwel gau nor Aaken trecken enn den Dom kapott maken. Hej was grad in Holland op Miſſejon, enn as hej van den Dombau hörden, miek hej ſich gau op de Söck, Aaken tu. Op ſin Reis kom hej ok dört Keppelle en Ümſe Queкenenn Knolleland — enn wenn nitt weten düt, datt Keppele enn Uem erne koloſſal guje Lehmgrond hätt, denn wett nitt völ van de Burderej — alſo, enn dor was ett grad ant rägene gegohn, datt Land was mats quattsnatt. Enn den Düwel blev de Mott an de Klompen hangen. As hej ſo mett ſinn moterege Klompen bes decht bej Sonsbeck gekomen was, kos hej nitt mehr wieer enn kloppten de Klompen en Kier ov watt tägeneen. Ganze Berge van Dreck kloppten hej av. Van denn Titt an hebben ſej te Sonsbeck de Ballberge. De feine Lüj ſeggen äver nitt mehr Ballberge — datt es te platt — die ſeggen nou „Sonsbecker Schweiz".

Woröm datt? Wäges datt des Sonndags Oges hier de Sonsbeckſe Schweizers mett ör Dernes ſpaziere gönn. (Um Xanten)

Im Kolk

Im Frühling steht Wollgras im Kolk. Aber du sinkst ein, denn der Boden ist feucht. Am Rand die Dotterblumen kannst du wohl pflücken. Glockenheide blüht schon früh im Sommer, und schön sind Rosmarinheide und der blaue Enzian. Die Kinder suchen Sonnentau, die Fliegenfängerpflanze. Vor der Wiese steht Erlenbusch an Erlenbusch und Gagelstrauch, Porst, wie ihn die Bauern nennen. Hier kannst du in mondhellen Nächten die Nebelgeister sehen, wie sie um das Buschwerk tanzen. Und die scheußliche Kröte sitzt auf dem blinkenden Totenschädel und unkt ihre schaurigen Töne in die Nacht. — Die Bauern erzählen tolle Geschichten vom Kolk. Vom Mann ohne Kopf, von dem Hund mit glühender Kette, von der tanzenden Jungfrau. Überall sind Gespenster in der Welt und böse Geister — aber hier im Kolk an der breiten Landstraße versammeln sie sich oft in grausigen Nächten. Hier sei einmal der Teufel selbst gewesen. Fünfhundertsiebenunddreißig Hexen seien hinter ihm hergeritten, und als sie am Kolk angekommen wären, sei ein Mädchen vorübergegangen, das habe in seiner Seelenangst nichts von Teufeln und Hexen gesehen: denn der Bauer habe es verstoßen, weil sein Sohn die Arme liebte. Und als der Sohn im Markt blieb über Nacht, hat sie fortgemußt. Der Teufel aber hatte sie angehalten; sie soll eine Hexe werden, dann frage kein Mensch danach, ob sie reich oder arm, ob gut oder böse wäre — und sie könne zu einem andern Bauern gehen. Nur wenn er in den Nächten rufe, müsse sie kommen. Das Mädchen aber hat lieber sterben wollen, und als der Teufel es zwingen wollte, ist ein mächtiger Blitz herabgefahren, ein Donner in der Nacht, und es war doch später Herbst ... und das Heer der Hexen sei zerstoben, zweihundertachtzehn lägen tot am Kolk und der Teufel dazu. In mondhellen Nächten kämen die andern Hexen oft zu grausig-dumpfer Totenklage. — Das

Mädchen aber hat wie tot am Weg gelegen, am andern Tage, als der Sohn vom Markt vorüberkam. Weil er sie so sehr liebte, habe er sie gestreichelt, und unter seinen warmen Tränen sei sie aufgewacht... und sie seien beide fortgegangen, weit hinweg und seien glücklich geworden in einem einsamen Haus, das sie sich als Knecht und Magd verdienten.

So erzählen die Leute der Heide, die alten Frauen mit dem dünnen Haar, die Männer mit dem struppigen Bart. Die Kinder horchen dann und fürchten sich in den Abendstunden vor dem dunklen Kolk. Jedoch im Frühling, wenn das Wollgras wieder blüht oder im Winter, wenn das Wasser zugefroren ist und sie Schlittschuh laufen, haben sie alle Angst vergessen.

(Niederrhein)

Die Meerfrau im Altwasser

Zwischen Birten und Xanten liegt ein tiefer See, der wahrscheinlich aus einem alten Rheinarme entstanden ist. In diesem See sind schon viele Leute zugrunde gegangen. Ein Mann, der in Birten die Weihnacht mitgefeiert hatte und aus der Kirche durch das nächtliche Dunkel nach Hause gehen wollte, suchte seinen Weg durch eine geweihte Weihnachtskerze zu beleuchten. Dennoch geriet er auf Abwege, und bald war der Nebel so feucht um ihn, daß das Licht zu erlöschen drohte. Mit Mühe hielt er es brennend und konnte endlich ein anderes Licht durch den Nebel schimmern sehen. Er gelangte nun bald an ein stattliches Haus, öffnete die Tür, um sich nach dem Wege zu erkundigen und trat in eine weite, erleuchtete Halle, an deren Wänden er eine Menge von seltsamen Töpfen stehen sah. Als er sich nun in der Halle umschaute, ob nicht jemand da sei, der ihm den Weg zeigen könne, hörte er sich plötzlich bei Namen rufen. Da er niemand sah, erschrak er anfangs und wollte sich entfernen. Da der Ruf sich jedoch wiederholte, ging er auf den Schall zu und gelangte so an einen der Töpfe. „Wer will hier etwas von mir?" sagte der Bauer. Da entgegnete die Stimme: „Ich bin's, dein Großvater! Mich hat die Meerfrau in die Tiefe hinabgezogen und hütet mich in ihrem Nelkentopf." „Ihr seid ja hier in einem stattlichen Hause", entgegnete der Bauer. „Da irrst du", sagte die Stimme. „Du bist hier tief im Altwasser. Trügst du nicht die geweihte Kerze, wärst du längst ertrunken. Das, was dir Nebel schien, war Wasser, in dessen Tiefe du geraten bist, und dies ist das Haus der Meerfrau. Du mußt dich sputen, sonst kehrt die Wasserfrau zurück und wird dich fangen." „Wie soll ich den Weg nach Hause finden?" fragte der Bauer ängstlich. „Nimm den Hausschlüssel, den du in der Tasche trägst und schlage den Deckel auf dem Topfe entzwei. Lege aber die Kerze nicht aus der Hand, sonst bist du verloren. Ist der Deckel in drei Schlägen entzwei, so bekreuzige dich dreimal mit dem Schlüssel und eile hinaus. Ich will dir dann leuchten, du folge mir; tu es aber rasch und schau nicht hinter dich!"

Der Bauer tastete nun in die Tasche, fand den Schlüssel und führte damit drei Schläge gegen den Deckel des Topfes, der unter dem dritten Schlage zerbrach. Dann bekreuzte er sich und suchte so rasch wie möglich durch die Tür zu entkommen. Draußen sah er auch bald ein Licht, das lustig vor ihm her flatterte. Dem folgte er so rasch wie möglich, sorgte aber, daß seine Kerze nicht erlosch. Es ging ziemlich bergan, bis endlich der feuchte Nebel verschwand und die Sterne über ihm funkelten. Er erkannte nun die Gegend und erreichte seine Wohnung.

Als der Morgen anbrach, fand er seine Fußbekleidung voll Schlamm, obschon die Wege allenthalben fest und hart gefroren waren. Da wußte er, daß er tief unten im Altwasser gewandert war. (Xanten)

Wallfahrerlied

Wer will hören singen
Von Freuden ein neues Lied,
Von der Mutter Gottes,
Und die zu Kevelaer steht,

Zu Kevelaer in der Kirche,
Wohl in dem Gotteshaus,
All die ihre Sünden bereuen,
Und gehen die Bittfahrt aus.

Die bitten Gottes Mutter,
Daß sie ihnen Beistand tut.

Mariä, Gottes Mutter,
Sie hat gar wohl getan.

Sie hat so manchen Pilgram
Auf ihren Landstraßen gahn,
Sie hat so manchen Pilgram
Von Frau und auch von Mann.

Selig ist derjenige,
Der dahin kommen kann,
Selig ist die Mutter,
Die das kleine Kind trug.

Selig seynd die Brüsten,
Die das kleine Kind sog:
Ob unser lieben Frauen,
Da rest der heilige Geist,
Und hilft uns Jesus Christus
Durch Mariam allermeist.

Ob unser lieben Frauen,
Da stehen drei Rosen rot,
Und helf uns Jesus Christus
Aus aller unser Not.

Ob unser lieben Frauen,
Da stehen drei Lilien weiß,
Und helf uns Jesus Christus
In das Himmelsparadeis.

(Kevelaer)

Das Gnadenbild von Kevelaer

Wo jetzt die Stadt Kevelaer ist mit Mauern und Türmen und alljährlich viel Menschen, die dorthin wallfahren, um den Segen des gnadenreichen Muttergottesbildes zu erflehen, war einst ein einfaches Hagelkreuz in der Heide. Und wer einsam wanderte, dem war es immer eine stille Freude, in der grauen Einsamkeit ein Erinnern, daß Gottes Liebe allenthalben um ihn sei und also eine fromme Stärkung für den mühevollen Weiterweg.

Es begab sich, daß ein armer Handelsmann aus Geldern, dem es schwer ward, sich und sein Weib durch dieses Lebens Mühseligkeiten zu erhalten, an jenem Hagelkreuze knieend, eine Stimme hörte: „Du sollst mir hier an dieser Stelle ein Heiligenhäuschen bauen ...“ aber, da er, sich umschauend, niemand fand, der das Wort gesprochen haben könnte, seiner nicht achtete und es für eine Täuschung haltend, weiterging. Als er den Weg zurückkam aber hörte er dieselbe Stimme und glaubte ihr so, daß er die Geschichte seinem Weib erzählte, das trotz aller Armut gern bereit war, täglich drei Stüber zurückzulegen, kaum mit der Hoffnung, einmal soviel gespart zu haben, daß sie den Auftrag erfüllen könnte, als vielmehr deshalb nur, etwas wenigstens im Sinne der sonderbaren Weisung zu tun. Als aber nach einiger Zeit die Stimme zum dritten Mal an jenem Holzkreuz zu dem Krämer sprach, da war kein Zweifel mehr: Es war Gottes Stimme und Befehl — und ohne einen Tag zu warten, begann der Arme, seines Handels sich nicht kümmernd, im Vertrauen auf Gottes Hilfe das Heiligenhaus zu bauen.

Es war noch in der Zeit des großen Kriegs, da die Truppen aller Völker durch die Gegend streiften. Und so kamen eines Tages zu des Krämers Weib zwei hessische Reitersleute, die ihr, da sie Geld gebrauchten, zwei Bilder anboten, die die Muttergottes darstellten, papierne Bildchen, dem neuaufgefundenen Marienbild aus Luxemburg nachgezeichnet. Die Frau aber, die ihre drei Stüber an dem Tage noch nicht eingenommen hatte, ließ sie wieder gehen: Sie habe kein Geld — und auch die Soldaten waren ob dieser Abweisung nicht gerade traurig: die Bildchen hatten sie eigentlich für ihren Leutnant mitgebracht, der in Kempen gefangen saß, dem sie eine Hoffnung sein konnten, weil derjenige, der solch ein Abbild von der Luxemburgischen Madonna habe, glücklich werden würde.

Nun aber geschah das Wunder, daß die arme Frau in der Nacht eine Erscheinung hatte: Sie sah in taghellem Glanze das Heiligenhäuschen, das ihr Mann bauen sollte, und in ihm genau das Bild, das die Reiter hatten. Und selbst die Nachbarn hatten sich des hellen Lichts in der Nacht gewundert, so daß auch der Mann seinem Weibe glaubte und um so eifriger an dem Heiligenhäuschen baute, für welches der Leutnant, der zur selben Zeit, als es fertig wurde, aus dem Gefängnis frei kam, eins der Heiligenbilder schenkte, das noch heute seine wunderbare Wirkung tut, so daß jährlich Tausende dahin wallen, nach Kevelar, der Stadt, die in Jahrhunderten (1642 wurde das Heiligenhäuschen geweiht) dort entstanden ist.

(Kevelaer)

Die Wallfahrt nach Kevelaer

1.

Am Fenster stand die Mutter,
Im Bette lag der Sohn:
„Willst du nicht aufstehn, Wilhelm,
Zu schaun die Prozession?“

„Ich bin so krank, o Mutter,
Daß ich nicht hör’ noch seh’:
Ich denk an das tote Gretchen,
Da tut das Herz mir weh.“ —

„Steh’ auf, wir wollen nach Kevelaer,
Nimm Buch und Rosenkranz;
Die Mutter Gottes heilt dir
Dein krankes Herze ganz.“

Es flattern die Kirchenfahnen,
Es singt im Kirchenton,
Das ist zu Köllen am Rheine,
Da geht die Prozession.

Die Mutter folgt der Menge,
Den Sohn den führet sie,
Sie singen beide im Chore:
„Gelobt seist du, Marie!“

Wallfahrt nach Kevelaer

Zu Seite 259

2.

Die Mutter Gottes zu Kevelaer
Trägt heut ihr bestes Kleid;
Heut hat sie viel zu schaffen,
Es kommen viel kranke Leut'.

Die kranken Leute bringen
Ihr dar als Opferspend'
Aus Wachs gebildete Glieder,
Viel wächserne Füß und Händ'.

Und wer eine Wachshand opfert,
Dem heilt an der Hand die Wund';
Und wer einen Wachsfuß opfert,
Dem wird der Fuß gesund.

Nach Kevelaer ging mancher auf Krücken,
Der jetzo tanzt auf dem Seil,
Gar mancher spielt jetzt die Bratsche,
Dem dort kein Finger war heil.

Die Mutter nahm ein Wachslicht
Und bildete draus ein Herz.
„Bring das der Mutter Gottes,
Dann heilt sie deinen Schmerz."

Der Sohn nahm seufzend das Wachsherz,
Ging seufzend zum Heiligenbild;
Die Träne quillt aus dem Auge,
Das Wort aus dem Herzen quillt:

„Du Hochgebenedeite,
Du reine Gottesmagd,
Du Königin des Himmels,
Dir sei mein Leid geklagt!

Ich wohnte mit meiner Mutter
Zu Köllen in der Stadt,
Der Stadt, die viele hundert
Kapellen und Kirchen hat.

Und neben uns wohnte Gretchen,
Doch die ist tot jetzund —
Marie, dir bring ich ein Wachsherz,
Heil du meine Herzenswund'.

Heil du mein krankes Herze' —
Ich will auch spät und früh
Inbrünstiglich beten und singen:
Gelobt seist du, Marie!"

3.

Der kranke Sohn und die Mutter,
Die schliefen im Kämmerlein;
Da kam die Mutter Gottes
Ganz leise geschritten herein.

Sie beugte sich über den Kranken
Und legte ihre Hand

Ganz leise auf sein Herze,
Und lächelte mild und verschwand.

Die Mutter schaut alles im Traume
Und hat noch mehr geschaut:
Sie erwachte aus dem Schlummer,
Die Hunde bellen so laut.

Da lag dahingestrecket
Ihr Sohn, und der war tot;
Es spielt auf den bleichen Wangen
Das lichte Morgenrot.

Die Mutter faltet die Hände,
Ihr war, sie wußte nicht wie;
Andächtig sang sie leise:
„Gelobt seist du, Marie!"

(Kevelaer)

Johanna Sebus

Dies ist die Geschichte von dem Mädchen, vor dem selbst Könige und Kaiser sich neigten und neigen sollen: Johanna Sebus, Kind und Jungfrau und doch bewußter in der Tat als mancher streitbare Held. —

Wenn des Rheines Fluten steigen, war zu allen Zeiten bis auf den heutigen Tag in den Herzen der Menschen Angst und Not. Wohl haben sie Dämme gebaut und die Dämme bewacht, aber wenn der Schnee schmilzt und die Wasser wilder gurgeln und an den Ufern reißen und bohren, dann bricht der Damm, und die weite Landschaft ist ein großes Meer — und kann kein Mensch vor der Schnelligkeit der strömenden Fluten fliehen. Ein weites Meer überdeckt

Weiden und Felder, Hecken und Pfähle, und nur die Bäume mit ihren Kronen und die Schornsteine der Häuser sehen über die große Fläche hinweg.

Und so war es, daß die strömenden Wellen das kleine Haus umkreisten, nachdem eben noch die Bewohner ihrem täglichen Tun nachgingen, so war es, daß Johanna, die Mutter auf dem Arm, mit starker Kraft durchs steigende Wasser schritt und sie glücklich zum hügeligen Ufer rettete, von dem sie ohne Warten und trotz aller Warnung zurückkehrte, weil auf dem kleinen Bühel, wohin sie noch hatten gehen können, die Nachbarin mit ihren Kindern stand und mit der Ziege, an deren Horn sich die Kleinste klammerte, als wenn sie einen Halt und eine Rettung geben könnte; so eben war es, daß Johanna, gegen die Wellen kämpfend, weder vor- noch rückwärts schreiten konnte, die Fluten immer höher an sich fühlend und in ihnen unterging und erst gefunden ward, als schon der Frühling ins Land zog, die vordem überspülten Felder und Weiden neu ergrünten, die Vögel sangen und die Blumen blühten....

Ein Denkmal ward ihr gesetzt, das noch heute im Cleverlande steht, ein Denkmal ward ihr aus des großen Dichters Herz. Ihr Name wird ehrfurchtsvoll und im stillen Gedenken von Millionen ausgesprochen, und sie ist ein Sinnbild geworden und auch ein Vorbild für alle Zeiten, sonderlich für die Tage und Wochen der Gefahr, wenn des Rheines Fluten schwellen und die Dämme brechen. Ob auch der Menschen Kraft vieles vermag, größer sind die Mächte der Natur, die zerstören, was des Menschen Tun und Denken aufgebaut.

.....die Geschichte von dem Mädchen, vor dem sich Könige und ein großer Kaiser neigten und vor dem sich alle Menschen neigen sollten, ehrfurchtsvoller als vor mancher oder a l l e r Herrlichkeit der Welt.

(Cleverland)

Otto der Schütz

Siehe Bild auf Seite 31, 83, 138, 269

Landgraf Heinrich der Eiserne zu Hessen hatte zwei Söhne. Heinrich, der Älteste, so bestimmte er, sollte das Land nach ihm besitzen; Otto, den andern, sandte er auf die hohe Schule, zu studieren und danach geistlich zu werden. Otto hatte aber zur Geistlichkeit wenig Lust, kaufte sich zwei gute Rosse, nahm einen guten Harnisch und eine starke Armbrust, und ritt ohne seines Vaters Willen und Wissen davon.

Er ritt durch Stadt und Land, durch Wald und stille Wiesentäler und kam auch an den Rhein, wo er eines Tages beschloß, eine Fahrt zu machen hinab gen Niederland, ins Reich des Cleveschen Grafen Dietrich, von dessen edlem Rittertum bereits manches gute Wort an sein Ohr gekommen war.

Und es geschah, als er nach langer Fahrt den Kahn angebunden und sich an des Rheines Ufer zur Ruhe gelegt hatte, daß er aufwachend in die Augen eines alten Försters schaute, mit dem er allsogleich in einen Wortstreit über die Kunst der Schützen geriet. Da aber am Orte ein Schützenfest stattfand, lud ihn der Alte ohne Säumen ein, mit ihm zu gehen, um dort sein Können zu beweisen. Und Otto war mit Freuden bereit, gab ihm doch das Fest zugleich Gelegenheit, den Grafen Dietrich zu sehen, in dessen Bereich er schon gelandet war. Der Clevesche Hof war versammelt: Der Graf mit der Gräfin und der wunderhübschen Tochter Elsbeth, durch deren Hand, so war es Sitte, der beste Schütze mit dem Kranze gekrönt werden sollte.

Es war ein großer Jubel, als Otto seinen Schuß getan hatte. Immer war der alte Förster, der ihn am Ufer gefunden hatte, der beste Schütze gewesen — nun aber hatte Otto, der junge Fremdling nicht nur ins Schwarze getroffen, er hatte den Bolzen des Försters selbst zerschossen, so, daß dieser mit einer weiten Spalte offen stand.

Und es war wie ein Wunder, daß sich zweier Menschen Blicke gleich erkannten: Als Elsbeth dem jungen Sieger den Kranz reichen wollte, waren sie beide, jeder durch des andern Jugend und Schönheit so beglückt, daß ihnen die gegenseitige Zuneigung eine Gewißheit war. Graf Dietrich war nicht weniger erfreut. Er schenkte ihm seinen goldnen Becher — und ob sich Otto wohl weigerte, seine Herkunft zu verraten, nahm ihn der Graf gern in seinen Dienst. Und als er schon höhnisch sich von dannen wenden wollte, da ihm das Haupthaar, die Zierde des Freien, abgeschnitten werden sollte, da genügte ein Blick auf die, er sah es wohl — zitternd erwartende Jungfrau, um ihn zu bestimmen, es geschehen zu lassen.

Es war aber in der Liebe dieses Dienstmannes und der Grafentochter viel Glück und nicht weniger Leid. Ob es der Jäger Ebbo, auf Otto wegen seiner besonderen Gunst beim Grafen neidisch, auch durch seine hinterlistige Anklage nicht fertig brachte, des Grafen Sinn zu ändern, so war es doch die Mutter, die sorgsam über ihre Tochter wachend, Otto möglichst durch allerlei Dienste von ihr fern zu halten suchte. Aber es war denn, als ob doch ein höheres Denken über die beiden bestimmte. An einem Jagdtag, da man dem Auerstier auf der Fährte war, schickte der Graf seine Tochter beiseite ins stillere Tal, damit sie auf der Reiherbeize ein weniger gefährliches Jagdwerk treibe und gab ihr im tiefsten Vertrauen Otto, den er immer noch vor allen andern schätzte, als Begleiter mit. Und dadurch eben wurde dieser nun zwiefach ihr Retter. Der verwundete Stier war durchgebrochen und in die Au geflüchtet. Und ehe sichs Otto versah, verfolgte er den Zelter der Gräfin, die, von dem erregten Tier abgeworfen, in den Weiher fiel und nahe dem Ertrinken war, als sie von Otto, der zuvor den Stier getötet hatte, gerettet wurde.

In des Försters abgelegener Klause hielt Otto sie hernach in seinem starken Arm. Und mochte auch gegen sie geschehen, was da wollte — sie würden alles Leid und alle Not bestehen und ertragen um ihrer Liebe willen.

Es geschah nun, daß eines Tages ein Ritter auf den Hof des Grafen kam, Heinrich von Homburg aus dem Hessenlande, der auf einer Wallfahrt die Clever Burg, auf der er einstmals in Jugendzeiten Knappe war, besuchen wollte. Und als der alte Graf Dietrich, Elsbeths Vater, zufällig im Fenster lag, sah er, wie dieser Ritter vor Otto, der doch nur ein Dienstmann war, auf die Knie sank, als sei er selbst sein Herr. Und nun war das Geheimnis über Ottos Herkunft nicht mehr zu verbergen. Heinrich von Homburg, des Hessischen Landgrafen Lehnsmann, war ausgesandt zugleich, nach dem Erben zu suchen. Denn Ottos Bruder war gestorben, und der Braunschweiger Herzog, dem des Landgrafen Tochter vermählt war, wartete begierig auf den Tod des alten Herrn, weil eben von Otto niemand wußte. Darüber stand das ganze Land Hessen in großer Traurigkeit, denn alle hatten an dem Braunschweiger ein Mißfallen, und zumeist der alte Landgraf lebte in großem Kummer. Und um so größer war nun dieses Ritters Freude, die erlösende Kunde sobald wie möglich in sein Heimatland tragen zu können, wo man voller Sorge auf seine Heimkehr wartete.

Und als er schon in dieser Hoffnung und Voraussicht fröhlich war, da ward ihm eine neue und sehr schlimme Besorgnis dadurch, daß man Otto nirgend fand. Er war in die Hütte zum Förster Hugo geflohen, entschlossen, lieber Jugend und Liebe zu opfern, um nur nicht, in seiner Freiheit beschränkt, ein Klosterbruder werden zu müssen. Der Jäger Ebbo wußte sein Versteck, und dem Grafen war dessen Bosheit und Neidsucht die sicherste Gewähr, daß er ihn ausfindig machen und herbringen würde. Er hatte den Auftrag, ihn zu fangen, aber er haftete mit seinem eigenen Leben dafür, daß er Otto unverletzt in die Burg besorgte.

Als Ebbo vor des Försters Haus den Entflohenen forderte, nahm der Alte sein Schlachtschwert von der Wand, weil ihm die Liebe zu Otto mehr galt als sogar die Treue zum Grafen und sein eigenes Leben. Er würde den Schützling bis zum Letzten verteidigen. Ebbo legte die Armbrust an — und gerade, indem er abdrücken wollte, sprang des Försters Rüde ihm an die Kehle und biß ihn tot. Otto, der herzugekommen war

Otto der Schütz (Die Entdeckung)

Zu Seite 266

— er hatte nebenan geschlafen, gebot Ruhe und sandte die Mannen nach Hause mit der Versicherung, daß er selber freimütig vor den Grafen treten und sich verteidigen wolle.

Als er dort angekommen war, waren alle herzlich erfreut. Nur mußte Elsbeth noch die stärkste Probe ihrer Liebe bestehen, indem der Vater ihr Otto zum Manne geben wolle, als wenn er wirklich nur sein Dienstmann sei. Nach kurzem Zögern aber entschied bei ihr die Liebe gegen alle Bedenken: Sie schritt auf ihn zu und barg ihren Kopf an seine treue Brust.

Um so größer aber war die Freude, als Heinrich von Homburg hereintrat und den beiden als dem neuen Landgrafen und seiner Braut, seiner neuen Herrin, huldigte. Eiligst ritt er dann ins Hessenland zurück, um in des Clever Herzogs Namen zur Hochzeit an den Niederrhein zu laden.

(Cleve)

Der Schwanritter

Da Herzog Gottfried von Brabant zum Sterben kam und hatte keinen Sohn, wollte er sein Land und Erbe seiner Gemahlin und seiner Tochter überlassen. Aber Gottfrieds Bruder Telramund wollte darein nicht willigen und sagte, das Land sei kein Weiberlehen, und nahm Brabant für sich. Da verklagte ihn die Herzogin bei König Heinrich dem Vogler, und der lud sie und auch ihren Schwager gen Nimmwegen am linken Arm des Rheinstroms, die Waal geheißen. Und sie kam dahin mit ihrer Tochter und auch ihr Gegner.

Da geschah es, daß König Heinrich durch ein Fenster hinausschaute und hinab auf den Strom, da sah er einen Schwan schwimmen, der hatte

ein silbern Halsband um und zog mit diesem an silberner Kette einen Nachen nach sich und in dem Nachen lag ein Ritter in gleißendem Harnisch. Sein Haupt ruhte auf seinem Schilde, seinen Helm und die Halsbrünne hatte er abgetan und neben sich gelegt und der Schwan ruderte an das Ufer heran. Alle Hofleute, die das sahen, samt dem König, verwunderten sich sehr, vergaßen den Rechtshandel und eilten nach dem Ufer hinunter. Der ritterliche Jüngling im Nachen aber erwachte, tat sein Gewaffen wieder an, erhob den Schild, auf dem acht Zepterlein um einen weißen Karfunkel gestellt waren, stieg aus der Barke und sprach zu dem Schwan: „Flieg deinen Weg wohl hin, lieber Schwan! So ich deiner bedarf, will ich dich rufen.“ — Da wandte sich der Schwan und ruderte im Wasser und entschwand samt dem Nachen den Augen der ihm Nachschauenden.

Alles blickte ganz verwunderungsvoll nach dem Gast, dem der König selbst die Hand bot und ihn nach der Burg geleitete. Dann setzte er sich auf den Richterstuhl und hieß den Fremdling bei den Fürsten und Herren eine Stelle einnehmen. Es erhub nun die Herzogin ihre Klage, und ihr Schwager brachte seine Gegenrede vor und sprach, daß er bereit sei, für sein Recht zu kämpfen; die Herzogin solle ihm nur einen Kämpen stellen, der mit ihm für ihr und ihrer Tochter vermeintes Recht stritte. Der Herzog Telramund war aber ein gar männlicher Held und dem Besten im Kampfe überlegen. Darum erbebte die Herzogin, denn sie wußte keinen Kämpen in ihrer Sippschaft anzufordern, sich jenem gegenüberzustellen. Da weinte sie in bitterm Schmerz, und ihre Tochter weinte mit ihr und es war ihr weh im Herzen.

Siehe, da erhob sich der junge Ritter, der mit dem Schwan gekommen war, von seinem Stuhl, neigte sich gegen den König und sprach: „So du es mir vergönnst, großer König, so will ich wohl dieser Frauen

Kämpe sein!“ Das wurde ihm gewährt und er stritt darauf einen schweren Streit mit dem Herzog Telramund; doch besiegte er ihn endlich und machte so der Herzogin und ihrer Tochter Erbe frei und ledig. Die dankten ihm in Züchten, und die Herzogin bot ihm jeden Kampfeslohn, den sie gewähren könne, und wär's selbst ihrer Tochter Hand und einziges Erbe. Da sagte der Jüngling, Werteres könne ihm nimmer geboten werden; doch müsse er unerläßlich bedingen, daß seine Braut und Vermählte nie und nimmermehr ihn frage, wie er heiße, woher er gekommen, welches sein Geschlecht sei, wer ihm Vater und Mutter wäre und solcher Fragen mehr; denn sowie sie solche Fragen auch nur ein einziges Mal an ihn richte, müsse sie ihn auf immer verlieren.

Diese Bedingung deuchte der Prinzessin von Brabant gar leicht zu halten; sie gelobte ihm das und vermählte sich dem Schwanenritter. Sie zogen nach Cleve, der uralten Stadt, wo schon Julius Cäsar eine Burg erbaut, erneuten das Schloß und nannten es die Schwanenburg und freuten sich des Lebens. Sie gewannen auch zwei blühende Kinder und waren sehr glücklich. Und sie wären es geblieben, wenn nicht der Weiber Erbsünde, die schlimme Neugier, die junge Herzogin gequält hätte. Denn sie mochte gar zu gerne wissen, wer denn eigentlich ihrer Kinder Vater sei. Und so drückte es ihr fast das Herz ab, bis sie endlich die Frage tat, die ihr doch so ernst verboten war. Da sprach der Herzog: „Nun hast du dein und mein Glück zerbrochen, und hast mich am längsten gesehen!“ Und er waffnete sich und winkte zum Fenster hinaus.

Da kam schon der Schwan geschwommen mit seinem Schifflein. Und der Herzog küßte seine Kinder und drückte seiner Gemahlin stumm und schmerzlich die Hand. Die weinte überlaut und stürzte ihm voll Reue zu Füßen und wollte ihn zurückhalten, und auch alles Volk flehte ihn an, daß er bleiben sollte. Aber der Schwanenritter konnte nicht bleiben. Er segnete alle, bestieg seinen Kahn und fuhr von dannen.

Tief drang der Kummer ins Gemüt der Herzogin. Doch erzog sie die Kinder zu tüchtigen Rittern und ihnen entstammten alle spätern Grafen und Herzoge von Cleve und Geldern und Rheineck; die führten meist den

Schwan im Wappen. Des Landes Heerschild aber blieb der weiße Stein im roten Felde, um den die acht goldnen Zepterstäbe gestellt sind, bis auf diesen Tag. Auf dem Schwanenturme der Schwanenburg aber zeugt noch ein weißer Schwan, der sich im Winde dreht, von dieser Geschichte.

(Cleve)

Wo das Paradies lag

Da zerbrechen sich die Gelehrten den Kopf darüber, wo das Paradies gelegen haben kann, und wer nach Cleve kommt, der kann es von jedem einfachen Mann, ja von jedem Kind, das zur Schule geht, erfahren. Warbeyen heißt der Ort, der nicht weit von der holländischen Grenze liegt. Als Adam und Eva von dem verbotenen Apfel gegessen und sich versteckt hatten und der liebe Gott hinter ihnen her war und sie im Garten suchte, da hat er in der Sprache dieser Gegend schon damals Adam angerufen: „Adam, war bey je?" — (Adam, wo bist du?) und nach dieser Frage des lieben Gottes an Adam bekam die Gegend dort ihren Namen. Aber es wird auch weiter erzählt, daß, gleich nachdem die ersten Menschen aus dem Paradies Warbeyen gewiesen waren, der Teufel hinter ihnen her gewesen sei, so, daß Gott ihn voll Zorn anrufen mußte: „Düffel, wart!" Und wo der Teufel da gestanden hat, ist heute der Ort Düffelward, und wo Adam und Eva stehen blieben — se bleven stohn un „keeken" — ist heute das Dorf Keeken. So also haben Warbeyen, Düffelward und Keeken ihre Namen aus der allerältesten Zeit, als nur Adam und Eva und sonst noch keine Menschen auf Erden waren.

(Cleve)

Die weiße Frau

Im weißen Schleier und wallenden weißen Gewand geht sie stumm und schweigend und ohne Geräusch durch die alten Räume der Clever Schwanenburg — und — ob sie dieselbe war? — durch die Gemächer und vor allem oft und gern durch das Schwanenzimmer des einstigen Düsseldorfer Schlosses, das auch lange Zeit Eigentum der Cleveschen Herzöge war. Königen und Fürsten hat sie, wie in alten Papieren (den Nachrichten des Kammerpräsidenten Buggenhagen) steht, durch ihr Erscheinen Unglück und Tod angekündigt. Und wer sie war, die so ruhlos durch die kalten Räume ging in der Nacht, ein Erschrecken aller, die sie von nah oder ferne sahen? Beatrix, des Schwanenritters unglückliche Gemahlin, die ob ihrer Frage nicht die Ruhe finden konnte? Jakobe von Baden, das einstmals frohe, blühende Weib, das dem blöden Herzog anvermählt wurde und eines Morgens ermordet im Bette lag? Ob sie doch schuldig war, vor Gott unschuldig — oder ob sie des Unrechtes wegen, das man ihr tat, nicht im Grabe bleiben konnte? Ach, der Schicksale gehen viel durch ein Geschlecht in den Jahrhunderten. Und eine, dieses Geschlechtes Ahnfrau war es, die den Nachkommen alles Gute wünschte, die in allen lebend immer wieder einmal sichtbar wird, um zu warnen und zu retten, was schon in Gefahr ist, zu verderben, wenn es die Lebenden mit ihren Augen der Vergänglichkeit noch nicht sehen können.

(Cleve)

Die weiße Frau

Zu Seite 274

Das versunkene Schloß

Es stand in der weiten Ebene, die da fruchtbar wie ein Garten war, dies starke Schloß mit hellen Zinnen, reich mit Gold verziert und nicht unweit des Waldes, da stolze Eichen und Buchen rauschten und da oft das Jagdhorn Ritter Erichs wiederhallte, der mit seinen Freunden ein wildes, lautes Leben führte im Wald beim Jagen und im Schloß beim Wein.

Es geschah, daß ein armer, alter Pilgersmann des Weges kam und durch das Schloßtor ging und sich wohl etwas fürchtete ob des Gekläffs der Hunde.... und daß sich Ritter Erich, eben von der Jagd zurück, über diese Scheu des Alten lustig machte: „Hei, hetzt die Hunde auf den Mann, das gibt ein lustig Schauen und ein Lachen....“ Und schon wollte sich die wilde Meute auf ihn stürzen, als von der Seite durch das schmale Törchen des Ritters wunderschöne Tochter aus dem Garten kam, beide Hände voll von roten und weißen Rosen: Elisabeth, schön von Gestalt und schöner noch in ihres Herzens Unschuld, die, als sie jenes frevle Treiben sah, die Hunde rief, die ihr gehorchten und die dann trotz des Scheltens ihres wilden Vaters zu dem Armen ging und — da sie beide Hände voll von Rosen hatte, ihm erst einen Strauß und dann die Hand gab und freundlich zu ihm sprach, so daß der Alte ganz beglückt tränenden Auges vor ihr niederkniete.

Sie aber hob ihn auf und führte ihn durch das Tor, ging eine Weile mit ihm auf den Weg, gab ihm eine gute Gabe und wies ihn zur Herberge. Aber als sie sich wieder wenden wollte, um zur Burg zurückzugehen, sprach der Alte sonderbare Worte, die sie nicht verstand, er verdrehte die Augen.... und indem sie ihm zur Hilfe sprang, um den Wankenden zu halten, sah sie plötzlich mitten im hellen Sommerlicht über ihres Vaters Burg eine dunkle Wolke, die immer tiefer sank, und im gleichen Augenblick wankten des Schlosses Türme, ein ungeheuerer Donner brach los, als wenn von tausend Riesenschmiedehämmern die ganze Burg zerschlagen worden wäre. Und wo noch eben blühendes Leben war und Menschen, die nach der Heimkehr sich des Weines freuten, war nun ein See. Dunkle Bäume rauschten traurig an den Ufern rings, Schloß und Gärten sind für alle Zeiten nur Vergangenheit.

Als aber dies geschehen war, stand der Pilger wieder aufrecht. Es wird erzählt, daß Elisabeth an seiner Seite blieb, mit ihm durch weite Länder wandelte und ihn pflegte bis zu seinem Tode. Die Rosen aber, die sie ihm geschenkt, seien nie verblüht, — und als er mit ihnen vor die Himmelstür gekommen wäre, habe sie sich so weit aufgetan, daß auch Elisabeth, ihre Irdischkeit vergessend, von dem Glanz und Licht herangezogen, lebend, ohne Tod, aus dieser Zeit in die Ewigkeit und Seligkeit gegangen wäre.

(linker Niederrhein)

Bemerkungen

Die Sagen, zu denen im Inhaltsverzeichnis kein Verfassername angegeben ist, sind von mir selbst neu, bzw. erstmalig erzählt. Es wurde mir erlaubt, aus nachfolgenden Werken Sagen wörtlich zu übernehmen:

Rheinlandsagen, erster Band (Niederrhein bis Köln, Bergisches Land, Eifel), gesammelt und herausgegeben von Paul Zaunert. Verlag: Eugen Diederichs. Dieses Buch enthält ein Quellenmaterial von großer Bedeutung. Zugleich aber sind die einzelnen Stücke in guter epischer Sprache, in wirklich gestaltender Form dargebracht, so daß das Buch sowohl wissenschaftlich wie volkstümlich ist.

Aus ihm sind die Sagen Nr.: 46, 64, 79, 80, 82, 84, 86.

Sagen und Legenden vom Niederrhein, gesammelt und mit einer Einleitung und mit Anmerkungen versehen, herausgegeben von Josef Nießen. Thomasdruckerei Kempen. Diese beiden Bändchen von je 125 Seiten ca. legen Wert darauf, alles, was an sagenhaften Gestaltungen am Niederrhein lebendig ist, zu sammeln, obwohl auch manche Darstellungen an sich schön und volkstümlich sind. Die Arbeit des früheren Seminarlehrers Nießen verdient höchste Anerkennung.

Aus dem Buche sind die Sagen Nr.: 16, 17, 18, 43, 89, 91, 96, 97, 98, 99, 100, 102.

Das rheinische Sagenbuch, von Schlipköter und Pferdmenges. Verlag Hegel und Schade. Eine schöne, auch in der Sprache erfreuliche Sammlung von Rheinlandsagen, unter denen der Niederrhein nicht vergessen ist. Obwohl für die Jugend gedacht, wird das Buch jedem dienlich sein.

Aus ihm ist die Sage Nr.: 116.

Rheinische Schalks- und Schelmengeschichten, erzählt von Wilhelm Uhlmann-Bixterheide. Hellwegbücherei, Diesterweg, Frankfurt/M.

Aus ihm ist die Geschichte Nr.: 88.

Rheinsagen, dem deutschen Volk, der deutschen Jugend gewidmet, von Karl d'Ester. Union, Deutsche Verlagsgesellschaft. Es ist mit 307 Seiten eines der umfassendsten rheinischen Sagenbücher, in dem keine Gegend von der Quelle bis zur Mündung des Rheines fehlt, und sowohl auf Auswahl wie Darstellung und Ausstattung ist größte Sorgfalt gelegt.

Aus ihm sind die Sagen Nr.: 30, 63, 78.

Wunderbare Geschichten, von Cäsarius von Heisterbach. Verlag: Albert Langen. Bücher der Bildung Bd. 18.

Aus ihm sind die Geschichten Nr.: 31, 55, 56, 66, 68.

Sagen der Länder Jülich, Cleve, Berg, Mark. Erster Band des Werkes: Die Vorzeit, von Vinzent von Zuccalmaglio (Montanus), von Wilhelm von Waldbrühl neu herausgegeben. Nieder-Rheinischer Verlag Solingen. Ein überaus wichtiges Buch, interessant und ergötzlich. Es ist erfreulich, daß es dem Volke und auch dem Forscher neu zugänglich gemacht ist.

Aus ihm sind die Sagen Nr.: 19, 41, 42, 50, 58, 69.

Die Sagen 25, 26, 28, 114 sind aus dem Niederrheinischen Kalender. In Nr. 76 und 77 sind die Gedichtstellen dem sehr schönen Buch „Das Lied von Roland und Kaiser Karl“ von Werner Schwartzkopff (Charon-Verlag) entnommen.

Die Verse zu Nr. 110 entstammen der Jordan'schen Edda (Verlag Diesterweg Frankfurt a. M.).

Die Bechsteinsagen findet man unter andern in einem der bekannten Schaffsteinbändchen.

Nr. 117 fand ich in Dr. Ploenes Werk: Der Niederrhein (Verlag Aug. Steiger Moers).

Nr. 45 ist aus dem Buche: Das Rhein. Heimatland von Erich Bockemühl und Heinrich Burhenne (Verlag C. Kühler, Wesel).

Die Herren Korn. Benninghoff und Dr. Herm. Hagedorn haben mir die Sagen Nr. 22, 23 und 39 handschriftlich zugestellt.

Ich danke ihnen wie den Verlagen und Autoren, die mir den Abdruck gestatteten, für ihr bereitwilliges Entgegenkommen. –

Ich führe noch nachfolgende Werke, die mir vorgelegen haben und gute Dienste leisteten, an:

Grimms deutsche Sagen. Deutsches Verlagshaus Berlin.

Geib's Rheinsagen. Frankfurt a. M. 1850.

Gottfried Kinkel. Vom Rhein. Essen 1847.

Wilhelm Fick, die schönsten Sagen aus Rheinland und Westfalen. Schillerbuchhandlung.

Zaunert, deutsche Sagen. Diesterweg Frankfurt a. M.

Gustav Neckel, germanische Sagen von Göttern und Helden, ebenda.

Heribert Teggers. Aus Sage, Geschichte und Kulturgeschichte des unteren Niederrheins. Ein Heimatbüchlein für Schule und Haus. Völckersche Buchdruckerei Goch.

von der Leyen, Deutsches Sagenbuch, Beck'sche Verlagsbuchhandlung.

Bahlmann. Ruhrtalsagen. Cappenroth, Münster.

Kurs Rheinlandsagen und Legenden. Berlin, Albert Ahn.

Dr. Christian Janßen. Geschichten von Rees und Umgebung. Rees 1921.

Alle bisher erschienenen, von Dr. Storm herausgegebenen niederrheinischen Kalender.

Die Illustrationen, sämtlich von Gustav Olms, sind zum größten Teil nach den bekannten niederrheinischen Sagenmotiven gezeichnet. Zudem aber sei zwei Verlegern an dieser Stelle besonders gedankt, weil sie gestatteten, daß aus anderen Büchern Bilder und Zeichnungen für das vorliegende Werk benutzt werden konnten, wodurch die Ehrung des verdienstvollen Malers, die mit diesem Buche geschehen sollte, um so vollständiger werden konnte.

Die Illustrationen wurden entnommen aus „Niedersachsens Sagenborn", Verlag Lax in Hildesheim, ferner folgenden Büchern: Wahlenberg, Topelius und Segerstedt, „Die Schwarzelfen und andere nordische Märchen". Segerstedt, „Märchen und Fabeln“. Hammarström, „Kurres erster Sommer“. Storm, „Der Schimmelreiter“ und „Die Söhne des Senators“. Storm, „Bötjer Basch, Pole Poppenspäler, Der kleine Häwelmann“, sämtlich im Verlage Etzold und Co., Inhaber Rudolf Jaspersen, München.

Zum Schluß noch eine kurze Bemerkung: Mir ist nicht möglich, zu jeder von mir selbst erzählten Sage die Quelle anzugeben, da mir viele aus mündlicher Mitteilung bekannt sind und ich von manchen den Ursprung überhaupt nicht mehr weiß. Ich habe mich nie als Wissenschaftler oder Forscher betätigt, bin aber gerne bereit, demjenigen, der es wissen will, das mir Bekannte mitzuteilen und bin auch jedem dankbar, der mir für eine Neuauflage dieses Buches bisher unbekannte Sagen mitteilt.

Drevenack am Niederrhein.

Erich Bockemühl

Inhalt

Seite

Seite

Seite

In demselben Verlag ist erschienen:

der Niederrhein

im Schrifttum alter u. neuer Zeit

von Dr. Heinrich Plönes. Mit zahlreichen Holzschnitten von Artur Buschmann und Anton Wendling, 245 Seiten, Gr. 4°, geschmackvoller Ganzleinenband RM. 16.—

Professor Dr. Richard Klapheck, der Verfasser der „Baukunst am Niederrhein" schreibt: Begeistert bin ich von ihrem „Niederrhein". Herzlichst dankbar dem Herausgeber Dr. Heinrich Plönes, der von den ältesten Zeiten bis zur Gegenwart der Arbeiter-Dichter alle Schilderer des Niederrheins ohne Rücksicht auf Partei und Konfession in so feinsinniger Auswahl hier reden läßt. Ich bewundere die Liebe, mit der der Verlag das Buch drucktechnisch und illustrativ ausgestattet hat, so daß Text und Bild miteinander klingen. Nie war ich stolzer auf meine Niederrheinische Heimat als durch dieses Buch — herrlichste Weihnachtsgabe, schönster Festgruß an das übrige Deutschland und Deutsche im Ausland,

Hausbuch und Bibel vom Niederrhein!

Von Erich Bockemühl ist im Mercator-Verlag erschienen:
Das goldene Spinnrad,
Niederrheinische Sagen, Märchen und Legenden.

Rückgabe spätestens am

07.08.80		
10.02.81		
04.08.81		
03.12.81		
15.MRZ.1991		
28.JUN.1991		
22.OKT.1993		

FZ DIN 1500 ekz Best. Nr. 2708